KØBENHAVN

HER OG NU

JOHN ROTH ANDERSEN

KØBENHAVN

HER OG NU

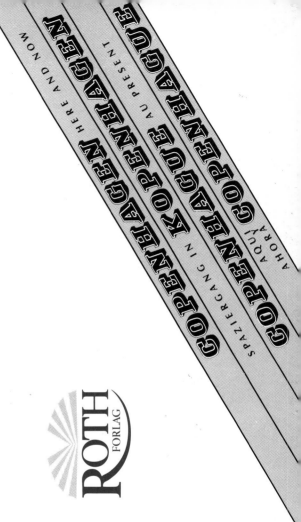

COPENHAGEN
SPAZIERGANG

COPENHAGEN
HERE AND NOW

KOPENHAGEN
HERE AND PRESENT

KOPENHAGEN
AU PRESENT

COPENHAGUE
AQUÍ AHORA

COPENHAGEN IN

ROTH
FORLAG

Indhold · Contens · Inhalt · Table des Matières · Contenido

Tekst, redaktion, grafisk tilrettelægning og produktion:
JOHN ROTH ANDERSEN

Oversættelse:
Engelsk: JOAN TROLLE
Tysk: GISELA EKNER
Fransk: BERTRAND ANGLEYS
Spansk: EMILIA CAPARRÓS

Illustrationer:
JOHN ROTH ANDERSEN, TORKILD BALSLEV, DIETER BETZ, CARREBYE FOTO, FOLIA/LEGIND KORT, FREDERIKSBORG-MUSEET, MOGENS FØNSS, FINN NYGAARD, ROSENBORGMUSEET, HANS H. THOLSTRUP, PREBEN WIGAND.

Reproduktion:
HERTZ REPRO, LAUDERT & CO., SCAN GRAFIA, København.

Sats og tryk: AARHUUS STIFTSBOGTRYKKERIE, Århus.

Indbinding: CHR. HENDRIKSEN & SØNS BOGBINDERI, Skive.

® Copyright ROTH FORLAG, Hillerød 1988
Printed in Denmark 1988

ISBN 87-89005-03-1

København, Danmarks hovedstad

På den nordøstligste del af Sjælland i yderkanten af det danske rige, ligger ikke alene Danmarks, men også Skandinaviens største og mest betydningsfulde storby København. Storbyen København omfatter i dag et areal på 710 km² og strækker sig i en radius af 40 km ud over det meste af det nordøstligste Sjælland. De nærliggende købstæder Køge, Roskilde, Frederikssund, Hillerød og Helsingør kan i dag nærmest betragtes som forstæder til København. København er med sine 1,5 millioner indbyggere det tættest befolkede område i Danmark – og i Skandinavien – hvor næsten 1/3 af alle danskere er bosat.

København har alt hvad sjælen behager og hjertet begærer. Et mekka for den forlystelsessyge med sine forlystelsesparker, restauranter, cafeer, barer og natklubber. En rundtur gennem Københavns snævre gader, brede boulevarder og grønne parker giver én mange uforglemmelige oplevelser. Der er en stemning som i Venedig, Amsterdam eller Paris, når man vandrer rundt i den gamle by med de mange skønne tårne og smalle kanaler. Her kan man mærke byens puls, dens hektiske liv og dens tusindårige historie. Her kan man føle sig hensat til eventyrbyen, som var den hensat fra et af H. C. Andersens eventyr. En forunderlig by med en rig kultur og stolte traditioner.

Copenhagen, Denmark's Capital

Copenhagen, which is not only Denmark's, but also Scandinavia's, largest and most important city, is situated on the island of Zealand, on the eastern-most coast of the Danish Kingdom. Today, Copenhagen comprises an area of 710 square kilometers and covers a radius of 40 kilometers, extending over the most of north-eastern Zealand. The neighboring provincial towns of Køge, Roskilde, Frederikssund, Hillerød and Helsingør, are now almost considered suburbs of Copenhagen. With its 1,5 million inhabitants – 1/3 of the Danish population – Copenhagen is the most densely populated area in Denmark, and all of Scandinavia. Copenhagen has everything – it is a mecca for the pleasure-hungry, with its amusement parks, restaurants, cafés, bars and nightclubs. A tour through Copenhagen's narrow streets, broad boulevards and green parks is an unforgetable experience. There is an atmosphere that can be likened to Venice, Amsterdam, or Paris, as you wander around the old city with its many lovely towers and small canals. Here you can savor the city's pulse, with its brisk liveliness and its thousand-year old history. Here you can experience this enchanting city as it was depicted in one of Hans Christian Andersen's fairy tales – a unique city with a rich culture and proud traditions.

Kopenhagen, Dänemarks Hauptstadt

Im nordöstlichen Teil von Seeland, an der äußersten Kante des dänischen Reiches, liegt Kopenhagen, die größte und bedeutendste Stadt Skandinaviens. Die Großstadt Kopenhagen umfaßt heute ein Gebiet von 710 qkm und erstreckt sich in einem Radius von 40 km über nahezu ganz Nordost-Seeland. Die benachbarten Provinzstädte Køge, Roskilde, Frederikssund, Hillerød und Helsingør sind heute fast als Vorstädte von Kopenhagen zu betrachten. Letzteres ist mit seinen 1.5 Mio. Einwohnern das am dichtesten besiedelte Gebiet Dänemarks und Skandinaviens, in dem fast ein Drittel aller Dänen wohnt.

Kopenhagen hat alles, was das Herz begehrt. Ein Mekka für den Vergnügungssüchtigen mit Vergnügungsparks, Gaststätten, Cafés, Bars und Nachtklubs. Ein Rundgang durch Kopenhagens enge Straßen, über die breiten Boulevards und in den grünen Parkanlagen vermittelt viele unvergeßliche Erlebnisse. Wenn man durch die alte Stadt mit ihren vielen schönen Türmen und Kanälen schlendert, läßt die Stimmung sich mit der von Venedig, Amsterdam oder Paris vergleichen. Man spürt den Pulsschlag der Stadt, ihr hektisches Leben, ihre tausendjährige Geschichte, und wähnt sich in eine Märchenwelt versetzt. Kopenhagen ist eine erstaunliche Stadt, reich an Kulturzeugnissen und stolzen Traditionen.

Copenhague, capitale du Danemark

Dans la partie nord-est du Seeland en bordure du royaume danois se trouve *Copenhague*, ville la plus importante du Danemark et de toute la Scandinavie. Le Grand Copenhague couvre aujourd'hui une surface de 710 km² et allonge son rayon de 40 km sur la majeure partie nord-est du Seeland. Les villes voisines comme Elseneur, Hillerød, Frederiksund, Roskilde, et Køge peuvent presque se considérer comme les faubourgs de ce grand Copenhague. Avec ses 1,5 millions d'habitants, cette cité est la région la plus dense de Scandinavie et du Danemark bien sûr, où presque 1/3 des danois y habitent.

Copenhague satisfait à souhaits tous les désirs d'une âme assoiffée. Le paradis du bon vivant avec ses parcs d'attractions, restaurants et cafés, bars et boîtes de nuit. Un tour dans ses ruelles, ses boulevards et ses parcs aérés, crée des impressions inoubliables. On y trouve une ambiance, comme à Venise, Amsterdam ou Paris, en flânant dans la vieille ville aux clochers vert-de-gris qui se reflètent dans l'eau des canaux. On y retrouve très vite ses battements du coeur, la vie fébrile des rues et ses mille ans d'histoire. On se sent aimanté par la ville féérique qui sortirait tout droit des contes d'Andersen. Une ville merveilleuse qui offre une riche culture et de fières traditions.

Copenhague, Capital de Dinamarca

En el noreste de la isla de Selandia, y en el extremo del reino danés, se encuentra, no sólo la capital más importante de Dinamarca, sino también la ciudad de más influencia y mayor de los países Escandinavos, Copenhague. Copenhague y sus alrededores cubren una superficie de 710 km² y se extiende hasta 40 km, cubriendo la mayor parte del noreste de Selandia. Las ciudades cercanas de Køge, Roskilde, Frederikssund, Hillerød y Helsingør se pueden considerar hoy como ciudades satélites de Copenhague. Copenhague es con sus 1,5 millones de habitantes la parte más densamente poblada de Dinamarca y Escandinavia donde la tercera parte de la población danesa vive. Copenhague tiene todo lo que el alma necesita y el corazón desea. Un paraíso para los que se quieren divertir, con sus parques de atracciones, restaurantes, cafés, bares y night-clubs. Una vuelta a través de las calles estrechas de Copenhague, sus anchos bulevares, sus verdes parques dan una experiencia inolvidable. Hay una atmósfera semejante a Venecia, París, o Amsterdam, cuando se pasea por la ciudad antigua con sus bonitas torres y sus canales estrechos. Aquí se puede notar el pulso de la ciudad, su vida ajetreada, y su historia milenaria. Aquí se encuentra uno transportado al país de las maravillas, como si hubiera salido de un cuento de Hans Christian Andersen. Una ciudad maravillosa, rica en cultura y tradiciones.

København, bispens og kongens by

Kjøbenhavn har været beboet i årtusinder, siden en flok familier slog sig ned bag en række småøer på Øresundskysten. Her opstod efterhånden en lille havn, som man slet og ret kaldte for *Havn*. Havnen fik en vigtig strategisk betydning, dels som anløbsplads for skibe, der passerede gennem Øresund, dels som overfartssted til Sydsverige – som dengang var dansk.

I vikingetiden blev den beskedne havn attraktiv for fiskere og driftige købmænd, den lille by fik vokseværk. Ikke underligt, at byens første kirke blev viet til de søfarendes helgen, Sct. Clemens.

I den tidlige middelalder tog sildefiskeriet i Øresund et enormt opsving, og Havn blev nu forvandlet til en købstad og en international handelsplads. Byen kaldtes nu for *Købmændenes Havn*, et navn der siden er blevet forvansket til *København*. Københavns magtposition understregedes for alvor, da Roskilde bispen *Absalon* (1128-1201) fra 1167 befæstede byen og lod den omgive af volde og grave. Københavns borg anlagde han, hvor det danske parlament i dag ligger ved det nuværende *Christiansborg*.

Absalon havde fået København som gave af kongen, og han var en blændende organisator og kriger. Med sværdet i den ene hånd bekæmpede han venderne og underlagde sig Pommern. Med bispestaven i den anden holdt han styr på sine undersåtter og udbyggede havnebyen København.

Copenhagen, City of Bishops and Kings

Copenhagen has been inhabited for thousands of years, ever since a group of families settled a small area behind a group of islands on the Øresund coast. After a while, a harbor was established which was called »Havn«. The harbor had an important strategic significance, partly as a jetty for ships sailing through Øresund, and partly as a crossing point to southern Sweden, which was Danish at that time. During the Viking period, the harbor was used regularly by fishermen and enterprising merchants, and the small port began to grow. No wonder the town's first church was named after the seafarer's saint, »Saint Clemens«. In the early Middle Ages, there was a tremendous boom in the herring fisheries in the Øresund, and the port now became a market town and an international trading place. The town was now called »Købmændenes Havn« (Merchant's Harbor) which was later shortened to »København« (Copenhagen). In 1167, Copenhagen's powerful position became strengthened when Bishop *Absalon of Roskilde* (1128-1201) fortified the city, enciriling it with ramparts and moats. The fortress of Copenhagen was built at Christiansborg – today the seat of the Danish Parliament. Bishop Absalon also succeeded in conquering the surrounding areas, as well as extending the city's borders.

Kopenhagen, Bischofs- und Königsstadt

Die Siedlung Kopenhagen entstand vor Jahrtausenden, als sich eine Schar von Familien am Øresundküste, gegenüber einer Reihe kleinerer Inseln, niederließ. Hier entstand mit der Zeit ein kleiner Hafen, den man einfach »Hafen« nannte. Er erhielt strategische Bedeutung, teils als Anlaufstelle für Schiffe, die den Øresund durchquerten, teils als Ausgangspunkt für die Überfahrt nach Südschweden, das damals dänisch war.

In der Wikingerzeit zog der kleine Hafen Fischer und tüchtige Kaufleute an und dehnte sich aus. Gar nicht so merkwürdig, daß die erste Kirche der Stadt dem Heiligen der Seefahrer, Sct. Clemens, geweiht war. Im frühen Mittelalter nahm die Heringsfischerei im Øresund großen Aufschwung, und der Hafen wurde zu einem internationalen Handelsplatz. Man gab ihm den Namen *»Stadt der Kaufleute«*, der später zu *»Kopenhagen«* verstümmelt wurde. Kopenhagens Machtposition wurde deutlich, als der Bischof von Roskilde, *Absalon* (1128-1201), die Stadt durch Wälle und Gräben befestigen ließ. Die Burg wurde dort angelegt, wo das heutige *Christiansborg*, Sitz des dänischen Parlamentes, liegt.

Absalon war ein glänzender Organisator und tüchtiger Krieger. Mit dem Schwert in der einen Hand unterwarf er Pommern und mit dem Bischofsstab in der anderen regierte er und baute Kopenhagen aus.

Copenhague, la ciudad del Obispo y el Rey

Copenhague ha estado habitada desde miles de años atrás, cuando un grupo de familias se asentó detrás de una fila de islas en el estrecho del Sund. Aquí se formó poco a poco un pequeño puerto al que simplemente se le llamó «Havn», en español «puerto».

El Puerto tuvo una importancia estratégica significante, ya bien como escala de los barcos que pasaban a través del Sund, o como lugar de paso hacia el sur de Suecia que en aquel entonces pertenecía a Dinamarca. En el tiempo de los Vikingos se convirtió el modesto puerto en un lugar atractivo para los pescadores y los mercaderes atrevidos. La pequeña ciudad crecía poco a poco, y no es de extrañar, que la primera iglesia se le dedicó a San Clemente, el patrón de los marineros. En la Edad Media tomó la pesca de los arenques en el Sund una importancia extraordinaria, y el «Puerto» fué transformado en una ciudad privilegiada. La ciudad se llamó desde ahora «Købmændenes Havn», «El Puerto de Mercaderes», un nombre que más tarde se ha transformado en København. La posición de poder de Copenhague se fijó definitivamente, cuando el obispo Absalon (1128-1201), en 1167 fortificó la ciudad estratégica y la rodeó de parapetos y fosos.

El hizo construir la fortaleza de Copenhague, donde el actual Parlamento se encuentra, y que tiene el nombre de Christiansborg. Absalon recibió Copenhague como regalo del rey y fué un magnífico organizador y guerrero. Con la espada en una mano derrotó a los vándalos y conquistó el reino de Pomerania. Con el báculo episcopal en la otra controló a sus feligreses y desarrolló Copenhague.

Copenhague, ville de l'Eglise et de la Couronne

Copenhague a été habitée pendant plus de mille ans, depuis qu'un groupe de familles vint s'établir derrière un chapelet de petites îles sur la côte du Sund. Peu à peu un vrai port s'établit et il fut appelé tout simplement le port. Ce « port » acquit une position stratégique intéressante, et comme refuge aux bateaux de passage et comme point de contact vers le sud de la Suède, autrefois province danoise.

Déjà sous les vikings ce port attira des pêcheurs énergiques et des marchands actifs et la ville s'agrandit. Et l'on comprend bien que sa première église soit celle de St. Clément, protecteur des pêcheurs.

Au moyen-âge naissant, la pêche au hareng dans le Sund prit un grand essor, et « le Port » devint une cité au commerce international et prit le nom de « Port des Marchands » (le mot « køben » veut dire acheter) qui fut transformé en « København ». La position clé de Copenhague se manifeste fortement lorsque Absalon, (1128-1201), évêque de Roskilde, fortifie la ville en 1167 et lui donne des remparts. Il construit aussi le château fort où se trouve actuellement « Christiansborg », palais du Parlement danois. Absalon avait reçu du roi la ville en cadeau, et il s'est avéré un éblouissant guerrier et organisateur. Avec l'épée d'une main il combattit les Vandales et conquit la Poméranie. Avec la crosse de l'autre il conduisait ses ouailles en construisant Copenhague.

På fronten af Københavns Rådhus ses det forgyldte relief af biskop Absalon samt byvåbnet. Rekonstruktion af middelalderbyen København. Biskop Absalon højt til hest.

The gilded relief of Bishop Absalon and the town crest in front of Town Hall. Reconstruction of Old Copenhagen. Bishop Absalon on horseback. Nikolai Church in background.

An der Rathausvorderseite ein vergoldetes Relief (Bischof Absalon) und das Stadtwappen. Rekonstruktion der Mittelalterstadt. Absalon hoch zu Roß. Hinten die Nikolaikirche.

Sur la façade de l'Hôtel de Ville de Copenhague on voit le relief doré de l'évêque Absalon et les armes de la ville. Reconstruction du Copenhague moyenâgeux. Statue équestre de l'Evêque Absalon. En arrière plan, Nikolai Kirke.

En la fachada del Ayuntamiento, la figura dorada del obispo Absalon, y el escudo de la ciudad. Maqueta de Copenhague en la Edad Media. El obispo Absalon a caballo.

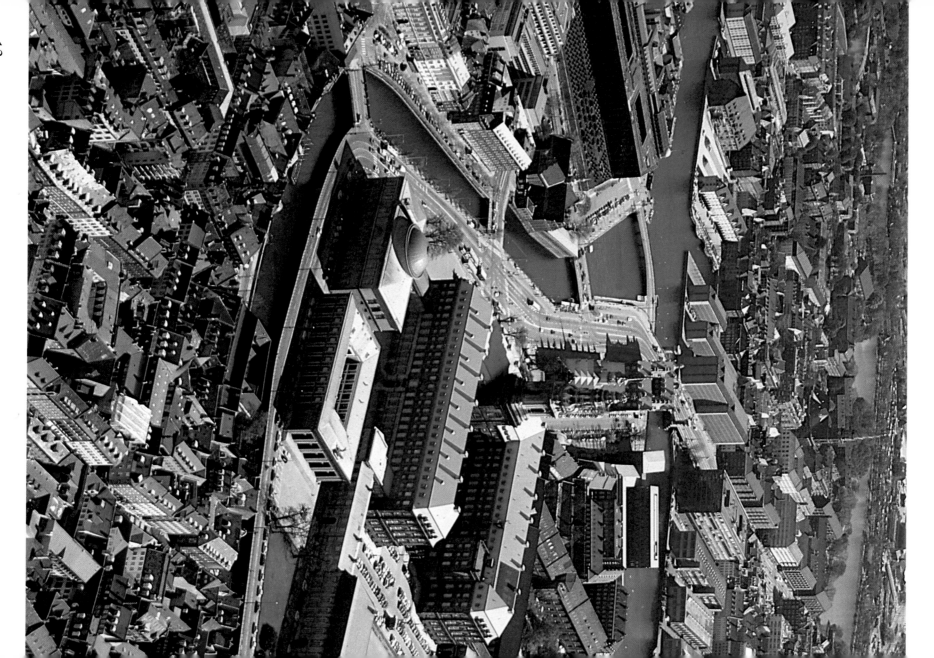

Luftfoto af Slotsholmen, der domineres af Christiansborg Slot med det høje tårn. Det ældste København voksede op omkring Slotsholmen, der er en ø, og som nu er forbundet med 9 broer. På øen ses endvidere den smukke Børs med det særprægede snoede tårn, Det kongelige Bibliotek, Tøjhusmuseet, Thorvaldsens Museum og Christian IVs Bryghus med det høje tegltag. Under Christiansborg kan de ældste ruiner af Københavns første borg fra 1167 endnu ses.

Aerial view of Slotsholmen, dominated by Christiansborg Castle with its high towers. Old Copenhagen is built up around Slotsholmen which is an island and is now connected with 9 bridges. On the island you can see the beautiful Stock Exchange with its twisted tower, The Royal Library, the Clothes Museum, Thorvaldsen's Museum and Christian IV's brewery with its high tile roof. Under Christiansborg are old castle ruins.

Luftaufnahme von Slotsholmen, beherrscht von Schloß Christiansborg mit hohem Turm. Das älteste Kopenhagen siedelte sich um Slotsholmen herum an, eine Insel, zu der jetzt 9 Brücken hinüberführen. Dort liegen auch die Börse, die königliche Bibliothek, das Zeughaus, Thorvaldsens Museum und das Brauhaus von Christian IV. mit dem steilen Ziegeldach. Unter Christiansborg sind noch die Ruinen von Kopenhagens erster Burg (1167) erhalten.

Vue aérienne de Slotsholmen, dominée par le château de Christiansborg et sa haute tour. Le vieux Copenhague a grandi autour de cet îlot, que 9 ponts relient maintenant à la ville. L'îlot porte également la très jolie Bourse, avec sa flèche originale entortillée, la Bibliothèque Royale, le musée de l'Arsenal, le Musée Thorvaldsen et la Brasserie de Christian IV avec son grand toit en tuiles.

Foto aérea de Slotsholmen con el palacio de Christiansborg y su torre. Copenhague se formó alrededor de Slotsholmen, que es una isla, unida por 9 puentes. En la foto se ve, la Bolsa, la Biblioteca Real, Tøjhusmuseet, el museo de Thorvaldsen, y la «Cervecería» de Christian IV.

København, en metropol af rang

Der var rift om København i de næste århundreder. Byen blev kastebold mellem bispen og kongen, mens tyskerne truede fra syd. København var blevet en farlig konkurrent til Hansestæderne, som 3 gange lagde byen i grus og fik den i pant. 1/3 af byens købmænd var tyskere, som endog fik en gade opkaldt efter sig, nemlig Tyskemannegade.

1416 kom byen igen under kronen. 1422 fik den tildelt handelsprivilegier og 1429 indførtes Øresundstolden. I takt med byens blomstrende handel forsvandt den tyske indflydelse.

Denne udvikling forstærkedes med kong Christian IVs (1577-1648) foretagsomhed og storslåede byggerier. København blev Nordens største by og en metropol af rang. 1658-60 forsøgte svenskerne forgæves at erobre byen, hvis befæstninger udbyggedes kraftigt. Katastroferne fulgte i 1700- og 1800-tallet. 1711 døde 1/3 af byens indbyggere af pest, 1728 nedbrændte 74 gader med 1.670 huse. 1801 belejrede englænderne byen og ødelagde den danske flåde. Værre gik det imidlertid i 1807, da englænderne skød København i grus. Ved bombardementet blev 2.000 huse ødelagt og 2.000 mennesker dræbtes. Danmarks alliance med Frankrig var endt i en katastrofe. København kom igen på fode, byen udbyggedes og industrialiseredes. Efter den tyske besættelse 1940-45 er København blevet et kulturelt og handelsmæssigt kraftcenter i Skandinavien.

Copenhagen, A First-Class Metropolis

During the next few hundred years, there were many battles fought over Copenhagen. The town became a pawn between the bishop and the king, while the Germans threatened from the south. Copenhagen was a strong competitor to the Hanseatic League and they destroyed the town many times. In 1416, the city came under the crown again. It received trade privileges in 1422 and in 1429, the Øresund tariff was introduced.

The strong German influence in the city disappeared when commerce began flourishing. These developments were strengthened by King Christian IV (1577-1648). His enterprisingness and magnificent building constructions made Copenhagen the greatest city in the north and a first-class metropolis. There were many catastrophes in the 18th and 19th centuries. In 1711, 1/3 of the city's inhabitants died of plague, and in 1728, 1,670 houses were burnt to the ground. In 1801, the English seized the city and destroyed the Danish Navy. It became even worse in 1807, when the English laid Copenhagen in ruins. In the bombardment, 2,000 houses were destroyed, and 2,000 people were killed. Copenhagen recovered when the city was enlarged and industrialized. After the German occupation (1940-1945), Copenhagen, once again, became the dominant cultural and business center of Scandinavia.

Kopenhagen, eine wichtige Metropole

In den folgenden Jahrhunderten war Kopenhagen umworben. Bischof und König stritten sich um die Stadt, während die Deutschen von Süden her drohten. Sie war zum gefährlichen Konkurrenten der Hansestädte geworden, die sie dreimal zerstörten und pfändeten. Die Kaufleute der Stadt waren zu einem Drittel Deutsche, nach denen sogar eine Straße, die Tyskemannegade, benannt war. 1416 gelangte die Stadt wieder unter die Krone und erhielt 1422 Handelsprivilegien. 1429 wurde der Øresundzoll eingeführt. Mit dem aufblühenden Handel der Stadt verschwand der deutsche Einfluß.

Diese Entwicklung verstärkte sich unter dem tatkräftigen König Christian IV (1577-1648), der großartige Bauten errichten ließ. Kopenhagen wurde die größte Stadt des Nordens und zu einer wichtigen Metropole, die die Schweden 1658-60 vergeblich zu erobern versuchten. Die Katastrophen kamen im 18. und 19. Jahrhundert. 1711 starb ein Drittel der Einwohner der Stadt an der Pest, 1728 brannten 74 Straßen mit 1.670 Häusern ab. 1801 belagerten die Engländer die Stadt und vernichteten die dänische Flotte. Noch schlimmer war das Bombardement 1807, bei dem 2000 Menschen getötet wurden. Dänemarks Bündnis mit Frankreich endete in einer Katastrophe. Kopenhagen erholte sich wieder, es wuchs und wurde industrialisiert. Nach der deutschen Besatzungszeit 1940-45 wurde die Stadt erneut zu einem skandinavischen Kultur- und Handelszentrum.

Copenhague, capitale de karat

Copenhague fit l'objet de nombreuses convoitises dans les siècles qui suivirent et fut un jouet entre l'évêque et le roi, alors que les allemands menaçaient par le sud. Copenhague était un dangereux concurrent aux villes de la Hanse qui, par trois fois, l'ont entièrement rasée et l'obtinrent même en gage. Le tiers des marchands était allemand et ils avaient donné leur nom à une rue: *Tyskemannegade* (rue des allemands). En 1415, la ville revint sous la couronne. En 1422 des privilèges commerciaux lui furent attribués et en 1429 fut instaurée la taxe de l'Øresund. Le commerce florissant de la ville estompa l'influence allemande. Ce progrès fut renforcé sous *Christian IV* (1577-1648), grand roi bâtisseur, actif et dynamique. Copenhague devint la plus grande ville du Nord et une capitale de carat. En 1658-60, les siège des suédois fit renforcer ses fortifications. Puis vinrent de nombreuses catastrophes aux 17° et 18° siècles. La peste de 1711 supprime ⅓ de ses habitants, en 1728, un incendie ravage 74 rues et 1.670 maisons. Les Anglais l'assiégent en 1801 et détruisent sa flotte. Pire fut l'an 1807 où les Anglais revinrent et bombardèrent la ville, détruisant 2.000 maisons. L'alliance franco-danoise s'était terminée avec une catastrophe. Mais Copenhague a remonté la pente, en s'industrialisant et par accroissements successifs. Après l'occupation allemande 1940-45, Copenhague est redevenue le point de mire scandinave culturel et commercial.

Copenhague, una metropolis de rango

La ciudad estuvo en juego entre el obispo y el rey, y por el sur los alemanes éran una amenaza. Copenhague se convirtió en un peligroso competidor de los hansianos, por lo que tres veces arrasaron la ciudad y la tuvieron embargada. La tercera parte de los comerciantes de Copenhague éran alemanes y hasta incluso dieron su nombre a una calle, Tyskemannegade (tyske = aleman). En 1416 estuvo la ciudad otra vez bajo la corona. En 1422 tuvo privilegios mercantiles y en 1429 se introdujo el derecho arancelario del Sund. A la misma vez que aumentaba el comercio desaparecía la influencia alemana en el mercado danés.

El desarrollo del comercio se reforzó con el rey *Christian IV* (1577-1648) por su espiritu emprendedor y sus grandiosas construcciones. Copenhague se convirtió en la ciudad más grande del norte y en una metrópolis de categoria. En 1658-60 intentaron los suecos invadirla, pero fracasaron y a raiz de este acontecimiento se aumentaronó sus fortificaciones. No sirvieron de mucho ya que en los siglos 1800 y 1900 se presentaron dos grandes catástrofes. En el ano 1711 murió la tercera parte de sus habitantes de peste, y en 1728 un incendio arrasó 74 calles y 1640 casas.

En 1801 sitiaron los ingleses la ciudad y destruyeron la flota danesa. Lo peor fué cuando los ingleses en 1807 destrozaron Copenhague. Con este alargado bombardeamiento se destruyeron 2000 casas y más de 2000 personas murieron.

La unión de Dinamarca con Francia terminó en una catástrofe. Copenhague se rehizo de nuevo, se edificó, se industrializó.

Después de la ocupación alemana en 1940-45 la ciudad volvió a ser un centro cultural y comercial en Escandinavia.

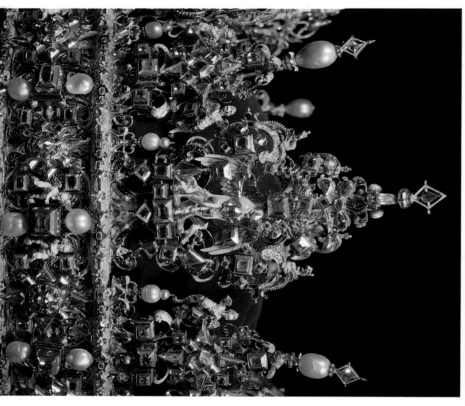

Kong Christian IV gjorde sig bemærket overalt i København. Herover ses han på et maleri fra ca. 1638 sammen med en arkitekt foran byen. Hans krone ses til venstre.

King Christian IV made himself known all over Copenhagen. Here he is portrayed in front of the city in a painting from about 1638. On the left, is his crown.

König Christian IV. machte sich überall in Kopenhagen bemerkbar. Hier sieht man ihn auf einem Gemälde (ca. 1638) zusammen mit einem Architekten vor der Stadt. Links seine Krone.

On remarque partout dans la ville les traces de Christian IV. Le voici avec un architecte, devant sa ville, sur une peinture d'env. 1638. Sa couronne est à gauche.

El rey Christian IV se hizo notar en todo Copenhague. Aquí lo vemos en una pintura de 1638 junto a un arquitecto delante de la ciudad. Su corona se ve hacia la izquierda.

De enevældige arvekongers krone er fra 1670, og den blev fremstillet af Poul Kurtz i København. Riddersalen på Rosenborg Slot er præget af kongelig pragt.

The absolute monarch's crown is from 1670, and was made by Poul Kurtz in Copenhagen. The Knight's Hall at Rosenborg Castle is filled with royal splendor.

Die Krone der absolutistischen Könige wurde 1670 von Poul Kurtz in Kopenhagen angefertigt. Den Rittersaal auf Schloß Rosenborg prägt königliche Pracht.

Cette couronne des rois absolus date de 1670, réalisée par Poul Kurtz, Copenhague. La Salle des Chevaliers, à Rosenborg, est imprégnée de royauté.

La corona del rey absoluto es del año 1670, y fué hecha en Copenhague por Poul Kurtz. La sala del trono en el palacio de Rosenborg está marcada por el esplendor real.

Slaget på Reden 1801 og det engelske bombardement 1807 var en katastrofe for København. De danske soldaters hjemkomst fra krigen 1849 blev fejret i hovedstaden.

The Battle at Reden in 1801 and the English bombardment in 1807 were a catastrophe for Copenhagen. The Danish soldier's home-coming in 1849 being celebrated in the capital.

Die Schlacht auf Reden 1801 und das englische Bombardement 1807 waren für Kopenhagen katastrophal. Man feiert die Heimkehr der dänischen Soldaten aus dem Krieg 1849.

La bataille de la Rade (1801) et le bombardement anglais (1807) furent une catastrophe pour Copenhague. Retour à la capitale des soldats de la guerre de 1849.

La batalla de 1801 y el bombardamiento inglés de 1807 fué una catástrofe para Copenhague. La vuelta de los soldados daneses en la guerra de 1849 en la capital.

Tivoli, forlystelsernes paradis

Der var engang en purung mand ved navn *Georg Carstensen* (1812-57), sprængfyldt med ideer og visioner, der i 1843 opfyldte en af sine hedeste drømme. Han anlagde på København gamle voldterræn en forlystelsespark, som der siden skulle komme til at stå ry om. Det kunne lyde som et eventyr af H.C. Andersen – og det er det faktisk også! For Carstensen var en tusindkunstner af de sjældne. I Paris og USA forsøgte han sig som udgiver af litterære ugeblade, og det fortsatte i København. En af hans mest trofaste medarbejdere blev eventyrdigteren H.C. Andersen, der begejstret betegnede sin nære ven og arbejdsgiver som et geni. Carstensen var ambassadørsøn og orientalsk inspireret, da han anlagde Tivoli. Også H.C. Andersen blev inspireret af Tivolis orientalske stemning, da han efter et besøg i haven skrev eventyret »Nattergalen«. Hvad Disneyland er for Florida, er Tivoli for København. Hvert år besøges den grønne forlystelsespark i Københavns midte af millioner begejstrede besøgende. Tivoli er et begreb, kendt og elsket af børn og voksne fra den ganske verden.

I Tivoli er der stadig 1001-nats stemning med gratis glæder og forlystelser for enhver pengepung. Her realiseres drømme i en eventyrverden af fest og glæde. Den verdensberømte forlystelsespark Tivoli er helt uden sidestykke.

Tivoli, A Fairy-Tale Paradise

Once upon a time, there was a young man by the name of *Georg Carstensen* (1812-57) who was bursting with ideas and visions. In 1843, he fulfilled one of his greatest dreams. He built an amusement park on one of Copenhagen's old embankments, which would one day be world-famous.

It sounds like a Hans Christian Andersen fairy-tale – and actually it is! Carstensen was quite an exceptional man. In Paris, New York, as well as Copenhagen, he tried to publish a literary magazine. *Hans Christian Andersen* who was one of the contributors, characterized him as a genius. Carstensen was the son of an ambassador, and he was greatly inspired by orientalism, as can still be seen in Tivoli today.

Tivoli is to Copenhagen, what Disneyland is to Florida. Each year millions of people visit this flower-filled amusement park, right in the heart of Copenhagen. Tivoli is an institution – loved by »children and adults of all ages« the world over. In Tivoli there is still a 1,001 night atmosphere, with delights and amusements for all pockets. All dreams are fulfilled in this fairy-tale world of festivity and pleasure. Tivoli, the world famous amusement park is without equal.

Tivoli, ein Vergnügungs-paradies

Es war einmal ein junger Mann namens *Georg Carstensen* (1812-57). Er war voller Ideen und Visionen, und 1843 konnte er einen seiner kühnsten Träume verwirklichen. Dort, wo früher Kopenhagens Wälle gelegen hatten, legte er einen Vergnügungspark an, der weithin berühmt werden sollte.

Das hört sich wie ein Märchen von Andersen an – und ist es eigentlich auch. Denn Carstensen war ein seltener Tausendkünstler. In Paris und den USA versuchte er, literarische Wochenzeitschriften herauszugeben, und damit fuhr er in Kopenhagen fort. Einer seiner treuesten Mitarbeiter war *Hans Chr. Andersen*, der seinen engen Freund und Arbeitgeber begeistert als Genie bezeichnete. Carstensens war Sohn eines Botschafters und orientalisch inspiriert, als er Tivoli anlegte. Auch H. Chr. Andersen war von Tivolis orientalischer Stimmung beeinflußt, als er nach einem Besuch im Park das Märchen »Die Nachtigall« schrieb.

Was Disneyland für Florida ist, ist Tivoli für Kopenhagen. Jedes Jahr hat der grüne Vergnügungspark inmitten der Stadt Millionen begeisterter Besucher. Tivoli ist ein Begriff, bekannt und beliebt bei Kindern und Erwachsenen aus der ganzen Welt. In Tivoli ist die Stimmung nach wie vor wie in einem Märchen aus Tausendundeiner Nacht, mit unentgeltlichen Freuden und Vergnügungen für jeden Geldbeutel. Hier werden Träume in die Wirklichkeit umgesetzt. Der berühmte Tivoli ist einmalig in der Welt.

Tivoli, le paradis des amusements

Il était une fois, un tout jeune homme, du nom de *Georg Carstensen* (1812-57), bouillonnant d'idées et de visions, qui réalisa en 1843 l'un de ses rêves les plus chers. Il établit sur les vieilles douves de la ville un parc d'attractions, qui est devenu depuis, connu du monde entier.

Cela peut ressembler à un conte d'Andersen – et c'en est bien le cas! En effet, Carstensen était un rare artiste aux ressources multiples. Aux USA et à Paris, il a essayé de publier des éditions littéraires, et il a continué à Copenhague. L'un de ses plus fidèles collaborateurs fut le conteur-poète bien connu *Hans Christian Andersen* qui, dans son enthousiasme qualifiait son chef et ami intime de génie. Fils d'ambassadeur, Carstensen garda son inspiration orientale en établissant Tivoli. De même, H.C. Andersen, inspiré par l'ambiance orientale de ce jardin, nous a laissé un conte magnifique: « Le rossignol ».

Tivoli est pour Copenhague ce que Disneyland est pour la Floride. Chaque année, des millions de visiteurs enchantés viennent savourer ce petit parc vert, en plein coeur de Copenhague. Tivoli est un phénomène, connu et aimé des jeunes comme des vieux, dans le monde entier.

On découvre toujours à Tivoli l'ambiance des Mille et une nuits aux joies gracieuses et attractions à tous les prix. Ici se réalise le rêve d'un monde féérique, heureux et festoyant. Le joyeux jardin de Tivoli, si bien connu de par le monde, n'a vraiment pas son égal.

Tivoli, El paraíso de las diversiones

Habia una vez un joven llamado *Georg Carstensen* (1812-57) lleno de ideas y visiones, que en 1843 realizó el sueño de su vida. En los terrenos de defensa que rodeaban a Copenhaque hizo construir un parque de atracciones, que más tarde se ha hecho famoso en el mundo entero y se llama Tivoli. Parecía como, un cuento de H.C. Andersen, y en realidad lo fué ya que Carstensen éra un «hacelotodo» de los que hay pocos en la vida. En Paris y USA trató de editar revistas semanales de caracter cultural y luego continuó haciéndolo en Copenhague. Uno de sus asiduos colaboradores fué el autor de cuentos *H.C. Andersen*, que lleno de admiración calificó a su amigo y empresario de gran genio.

Carstensen era hijo de embajadores y estaba inspirado en la cultura de Oriente cuando hizo construir Tivoli. Igual le pasó a Andersen cuando escribió el cuento «El Ruiseñor». Lo que Disneyland es para Florida es Tivoli para Copenhague. Cada año es visitado este parque por millones de personas.

Tivoli es una «noción» conocida y amada por niños y mayores en todo el mundo. En Tivoli aun existe la atmósfera de las 1001 noches. Aquí se realizan los sueños en un mundo de maravillas con fiestas y alegrias. TIVOLI, el parque de atracciones de Copenhague, es único en el mundo.

Tivolis hovedindgang illumineret i et festligt fyrværkeri. Den orientalske bazarbygning i natbelysning. Tivoli-garden med gylden karet på vej gennem haven.

The main entrance of Tivoli illuminated by festive fireworks. The oriental bazaar building with night illumination. The Tivoli Guard with a golden carriage in the Gardens.

Tivolis Haupteingang festlich illuminiert. Der orientalische Bazar bei Nacht. Die Tivoligarde mit goldener Kutsche auf ihrem Marsch durch den Garten.

L'entrée principale de Tivoli, illuminée par un feu d'artifice. Le bazar oriental, la nuit. La garde de Tivoli et son carosse doré défile dans le Parc.

La entrada principal de Tivoli iluminada con bonitos fuegos artificiales. Edificio oriental iluminado. La guardia de Tivoli con carroza dorada a través del parque.

Tivoli set fra luften. Tivolis hoved-
indgang. Fontæner i haven. Kinesisk
inspiration ses i det Kinesiske Tårn
og i Pantomimeteatret, hvis forestil-
linger henriver unge som ældre.

Tivoli seen from the air. Tivoli's
main entrance. The fountains in the
gardens. Chinese inspiration seen in
the Chinese Tower and Pantomime
Theatre delight young and old.

Tivoli aus der Luft fotografiert. Ti-
volis Haupteingang. Springbrunnen
im Garten. Chinesischer Turm und
Pantomimentheater, dessen Vorstel-
lungen Junge und Alte begeistern.

Vue aérienne de Tivoli. Entrée
principale. Les jets d'eau du jardin.
L'inspiration d'extrême-orient se voit
par la Tour chinoise et le théâtre
Pantomime qui réjouit tous les âges.

Vista aérea de Tivoli. Entrada
principal de Tivoli. Fuente en el
parque. Inspiración china se ve en la
Torre China y en el teatro de
Pantomima cuyo espectáculo agrada
a todos.

Tivoli-garden på march gennem København's gader. Garden stammer tilbage fra 1844 og består af godt 100 drenge. Forlystelserne for de mindste børn er altid populære.

The Tivoli Guards march through Copenhagen's streets. The Guards date back to 1844 and consist of 100 boys. The amusements for the youngest children are always popular.

Die Tivoligarde, gegründet 1844, besteht aus ca. 100 Jungen. Hier auf dem Marsch durch Kopenhagens Straßen. Die Kleinsten amüsieren sich stets am besten.

La Garde de Tivoli défile dans les rues. Instaurée en 1844, elle se compose de plus de 100 jeunes garçons. Les attractions pour les plus jeunes sont toujours très populaires.

La guardia de Tivoli en su marcha a través de Copenhague. La guardia data de 1844 y consta de 100 niños. Las atracciones para los niños pequeños son siempre populares.

Tivoli-slottet ved søen er en god kulisse til den smukke have. Fra havens friluftsscene underholder verdensberømte artister og kunstnere publikum.

The Tivoli Castle at the lake is a good background for the lovely garden. From the garden's open air stage, world famous artists and performers entertain.

Das Tivolischloß am See gibt für den schönen Garten eine gute Kulisse ab. Auf der Freilichtbühne unterhalten weltbekannte Artisten und Künstler das Publikum.

Le Château de Tivoli, près du lac, très beau décor pour ce joli jardin. Sur la scène en plein air, artistes et saltimbanques réputés du monde entier divertissent le public.

El palacio en el lago es una buena decoración para el bonito parque. En el teatro al aire libre, artistas de fama mundial entretienen al público.

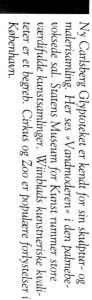

Ny Carlsberg Glyptoteket er kendt for sin skulptur- og malerisamling. Her ses »Vandmoderen« i den palmebevoksede sal. Statens Museum for Kunst rummer store værdifulde kunstsamlinger. Wiinblads kunstneriske kvaliteter er et begreb. Cirkus og Zoo er populære forlystelser i København.

The New Carlsberg Glyptothek contains a valuable art collection. Here you can see "The Water Mother" in the palm-filled hall. Wiinblad's artistic qualities are known by all. The circus and zoo are popular amusements in Copenhagen.

Die Glyptothek Ny Carlsberg, bekannt u.a. wegen ihrer Skulpturensammlung. Hier die »Wassermutter« im Palmensaal. Das Staatliche Museum für Kunst beherbergt wertvolle Sammlungen. Arbeiten des Künstlers Wiinblad sind ein Begriff. Zirkus und Zoo erfreuen sich stets großer Beliebtheit.

La collection de peintures et sculptures de Ny Glyptotek est réputée. Ici, la «Mère aquatique» dans la salle des palmiers. Le Musée des Arts renferme des collections de valeur. L'art de B. Wiinblad est incontestable. Le cirque et le Zoo sont très populaires à Copenhague.

Carlsberg Glyptoteket es conocida por su colección pictorica y escultorica. Aquí tenemos en la sala de palmeras «Vandmoderen». El Museo Estatal de Arte guarda una riqueza artística. La calidad artística de Wiinblad es conocida. El circo y el Zoo son dos atracciones populares de Copenhague.

»Byen med de skønne tårne«

Ø!, kultur og videnskab har altid været snævert forbundet med grundlæggeren af Carlsberg-bryggerierne Carl Jacobsen (1842-1914). Og det var ikke uden en vis stolthed, at han kaldte København for »Byen med de skønne tårne«, for han kom siden til at sætte sit præg på dens forskønnelse.

Skuer man i dag ud over Københavns smukke tårn efter det andet i horisonten. Som perler på en snor rejser de sig mellem byens tage. Alle arkitektoniske stilarter er repræsenteret og inspiration er hentet fra hele Europa.

Tårnene på Rådhuspladsen er alle tydeligt italiensk inspireret. Det gælder også Københavns Rådhustårn, der med sine 105,6 m er byens højeste. Mod øst ses det 103 m høje barokagtige tårn på Christiansborg fra 1916, der øverst er forsynet med 3 kongekroner. Side om side med Christiansborg ses renæssancespirene på Holmens Kirke fra 1708 og det usædvanlige snoede dragespir på Børsen fra 1777. I horisonten skimtes det 90 m høje spir på Vor Frelsers Kirke fra 1752, der øverst har en forgyldt verdenskugle med en Kristusfigur. Spiret på den nærliggende Christianskirke er fra 1769.

I bykernen øjnes spirene fra den tidligere tyske kirke Skt. Petri fra 1756, Vor Frue Kirke fra 1829, Helligåndskirken, rekonstrueret 1917, det særprægede Rundetårn med Trinitatis Kirke fra 1656, Rosenborg Slot fra 1714, Garnisonskirken fra 1886 samt den store forgyldte kuppel på Marmorkirken fra 1894.

»The City of Beautiful Towers«

Carl Jacobsen (1842-1914), the founder of the Carlsberg Brewery), has been connected not only with beer, but also with science and culture. It was with a certain pride that he called Copenhagen, »the city of beautiful towers.«

When you look down from above, one lovely tower after the other, juts up in the horizon between the roofs of the city. Every architectural style is represented, and the inspiration for them has been borrowed from all of Europe. The towers around Town Hall Square are distinctly Italian inspired, and the same is true of the 105 meter high, Town Hall Tower, the city's tallest. Towards the east, the Baroque-like tower of Christiansborg (1916) can be seen. At the top, it is adorned with three royal crowns. Holmens Church (1708) with its Renaissance spires, is right next to Christiansborg. Nearby, is Børsen (the Stock Exchange) from 1777, with its unique twisted dragon spires at the top. In the distance, you can catch a glimpse of the 90 meter high spire on the Church of our Savior (1752), which has a golden globe with a Christ figure on the top. In the center of the city, there are towers and spires as far as the eye can see – on the former German church, St. Petrie from 1756, the Church of our Lady from 1829, the unique Round Tower, with Trinitatis Church from 1656, and many more.

»Stadt der Türme«

Bier, Kultur und Wissenschaft waren schon immer eng mit dem Namen des Gründers der Carlsberg-Brauereien, Carl Jacobsen (1842-1914), verbunden. Mit einem gewissen Stolz nannte er Kopenhagen, zu dessen Verschönerung er selbst mit beitrug, »die Stadt mit den schönen Türmen«.

Blickt man heute über Kopenhagen hinweg, erhebt sich am Horizont ein schöner Turm neben dem anderen. Wie Perlen auf einer Schnur reihen sie sich aneinander über den Dächern der Stadt. Alle architektonischen Stilarten sind vertreten, und Inspirationen holte man in ganz Europa. So sind bspw. die Türme auf dem Rathausplatz deutlich italienisch beeinflußt. Das gilt auch für den Kopenhagener Rathausturm, der mit seinen 105,6 m der höchste der Stadt ist. Nach Osten zu erblickt man den 103 m hohen Barockturm von Christiansborg aus dem Jahr 1916, der oben drei Königskronen trägt. Nachbarn sind die Holmens Kirche (Renaissance, erbaut 1708) und die Börse aus dem Jahr 1777 mit ihren gewundenen Drachenfüßen. Etwas weiter entfernt liegt die Erlöserkirche (1752), die eine vergoldete Weltkugel mit einer Christusfigur trägt. Der Turm der naheliegenden Christianskirche stammt aus dem Jahr 1769. Im Stadtkern befinden sich die Türme der deutschen Kirche St. Petri (1756), des Doms (1829), der Heiliggeistkirche (wiederaufgebaut 1917), der Runde Turm mit der Trinitatiskirche (1656), der Turm von Schloß Rosenborg (1714) und der Garnisonkirche (1886) sowie die vergoldete Kuppel der Marmorkirche aus dem Jahr 1894.

« La ville aux clochers »

Bière, sciences et culture ont toujours fait penser à *Carl Jacobsen* (1842-1914), fondateur des Brasseries *Carlsberg*. Et c'était avec une certaine fierté qu'il titulait Copenhague de « Ville aux beaux clochers », car il a par la suite fortement contribué à son embellissement. En survolant Copenhague, on admire tous ces clochers qui se suivent et pointent à l'horizon comme une rangée de perles, au dessus des des toits rouges et gris. Tous les styles sont représentés et l'inspiration est venue de toute l'Europe.

L'Italie se retrouve dans les campaniles côtoyant celui de l'*Hôtel de Ville*, lequel haut de 105,6 m est le plus élevé de la ville.

Vers l'est on aperçoit la tour en baroque de *Christiansborg* (1916), haute de 103 m et surmontée de 3 couronnes royales. Tout à côté de Christiansborg on voit la pointe renaissance de Holmens Kirke (1708) et l'extraordinaire clocheton de la *Bourse* (de 1777) formé par 4 queues de dragons entrelacées. Puis on aperçoit plus loin à l'horizon, le clocher en colimaçon de l'église *du Saint Sauveur* haut de 90 m et couronné par l'effigie du Christ sur le globe doré. La tour voisine, de *Christianskirke*, date de 1769.

Au centre de la ville pointent les clochers de l'église *Saint-Pierre* (1756), ancienne église allemande, de l'église *Notre Dame* (*Vor frue*) de 1829, l'église du *Saint Esprit*, reconstruite en 1917, la *Tour Ronde* caractéristique, avec *Trinitatis Kirke*, datant de 1656, du *Château de Rosenborg* (tours de 1714), puis *Garnisonskirke* de 1886, et enfin la grande coupole dorée de *Marmorkirke* (Église de marbre) datant de 1894.

»La ciudad de las torres bonitas«

Cerveza, cultura y ciencia han estado siempre muy íntimamente ligados al fundador de la cervecería *Carlsberg*, *Carl Jacobsen* (1842-1914), y éra con justo orgullo que llamó a Copenhague «la ciudad de las torres bonitas», ya que fué el que puso su sello en este embellecimiento. Si se mira hoy por encima de Copenhague, se puede ver una torre bonita al lado de la otra. Como perlas en un collar, se levantan estas torres por encima de los techos. Todos los estilos arquitectónicos están representados, y la inspiración se ha buscado en toda Europa. Las torres de *Rådhuspladsen* tienen todas una clara inspiración italiana. Igualmente la torre del Ayuntamiento, que con sus 105 m es la más alta de la ciudad. Hacia el este se ve la más o menos bar-roca torre de *Christiansborg* con sus 103 m de altura construida en 1916 y rematada por 3 coronos reales. Al lado de Christiansborg se ven las agujas de estilo renacentista de la iglesia de *Holmen* de 1708 y las extrañamente enrolladas de la Bolsa de 1777. En el horizonte se divisa la especial torre de *Vor Frelsers Kirke* de 1752 y de 90 m de altura rematada por la dorada figura de Jesus sobre la bola del mundo. La cercana torre de *Christianskirke* data de 1789. En el centro de la ciudad vemos S. *Petri* de 1756, *Vor Frue* 1829, *Helligånds* reconstruida en 1917, la original *Rundetårn de Trinitatis Kirke* de 1656, *Rosenborg* de 1714, *Garnisonskirke* de 1886 junto con la gran cúpula dorada de *Marmorkirke* de 1894.

Udsigt over »Byen med de skønne tårne«. I forgrunden ses tårnet på Skt. Nikolai Kirke, som brygger Jacobsen fik opsat 1908-10. Kirken stammer oprindelig fra 1200-tallet, og blev senere centrum for reformationens indførelse i Danmark. I baggrunden Københavns Rådhus og andre italiensk inspirerede tårne på Rådhuspladsen.

View of "the city with the beautiful towers. " In the foreground is the tower on St. Nikolai Church, which is from 1908-10. The church originally dates back to the 13th century and became the center for the Reformation in Denmark. In the background is the Town hall with its Italian towers.

Blick auf »die Stadt mit den schönen Türmen«. Vorne der Turm der Nikolaikirche, den Brauer Jacobsen 1908-1910 auf die aus dem 13. Jh. stammende und für die Einführung der Reformation bedeutsame Kirche aufsetzen ließ. Hinten das Rathaus und andere, italienisch inspirierte Türme auf dem Rathausplatz.

Vue sur »La ville aux beaux clochers«. Au devant, la Tour St. Nicolas, érigée par la brasseur Jacobsen en 1908-10. L'église date du 12 ème siècle et fut plus tard le point d'orine de la réformation au Danemark. A l'arrière plan, le beffroi de l'Hôtel de Ville, et d'autres tours inspirées d'Italie.

Vista sobre »La ciudad de las torres bonitas«. En primer plano se ve la torre de San Nicolás que el fabricante de cerveza Jacobsen, mandó poner en 1908-10. La iglesia originalmente es de los años 1200, y se convirtió más tarde en el centro de la reforma protestante. Detrás la torre del Ayuntamiento y otras de inspiración italiana.

I forgrunden til venstre ses Helligånds Kirke, der i 1300-tallet blev opbygget omkring et kloster. Til højre herfor Vor Frue Kirke, hvis nuværende ydre stammer fra 1817. Kirken er oprindelig anlagt omkring år 1200 og den blev senere domkirke. Yderst til højre ses der smukke høje spir på Skt. Petri Kirke fra 1756. Kirken brændte første gang 1386, og blev senere overtaget af en talstærk tysk menighed.

In the foreground to the left is the Church of the Holy Spirit, which was built up around a cloister in the 14th century. To the right, is The Church of Our Lady which dates back to 1817. On the far right is the beautiful high spire on St. Petri's Church from 1756. The church burned for the first time in 1386, but was rebuilt by a German congregation.

Links vorne die Heiliggeistkirche, im 14. Jh. um ein Kloster herum erbaut. Rechts davon die Kirche »Unserer lieben Frau«, aus der Zeit um 1200 stammend und später zur Domkirche ernannt. Ihr jetziges Äußeres stammt aus dem Jahr 1817. Ganz rechts der hübsche, spitze Turm der St. Petri Kirche (1756), die erstmalig 1386 abbrannte und später von der vielköpfigen deutschen Gemeinde übernommen wurde.

Devant, à gauche, l'église Helligånd, reconstruite en 1300 entourée d'un couvent. A sa droite, l'Eglise Vor Frue dont l'extérieur date de 1817. Déjà établie en 1200, elle devint plus tard la cathédrale de la ville. Tout à droite, la jolie pointe (1756) de l'église Skt. Petri. Déjà incendiée en 1386 cette église fut adoptée par une forte communauté allemande.

En primer plano a la izquierda se ve la Iglesia del Espíritu Santo de 1300 que fué construida alrededor de un convento. A la derecha La Iglesia de Nuestra Señora, cuyo aspecto actual es de 1817. Fué originalmente construida en 1200 y más tarde se convirtió en Catedral. Más a la derecha la bonita torre de San Petri de 1756. Se quemó en 1386, y más tarde se convirtió en la iglesia alemana.

Spirene på Nikolai Kirke, Vor Frelsers Kirke, Børsen, Christiansborg og Rådhustårnet. Kig hen over byens tage mod Christiansborg.

The spires on Nikolai Church, The Church of Our Savior, The Stock Exchange, Christiansborg, Town Hall Tower. Looking over city's roofs.

Turmspitzen der Nikolaikirche, des Doms, der Börse, des Rathausturmes und von Christiansborg.

Les flèches de Nikolai Kirke, Vor Frelsers Kirke, de la Bourse, Christiansborg et de l'Hôtel de Ville.

Las torres de la iglesia de San Nicolás, la de Nuestro Salvador, la Bolsa, Christiansborg, y la torre del Ayuntamiento.

Luftfoto af Københavns indre by set fra Christianshavn. I forgrunden ses de karakteristiske pakhuse på Christianshavn og lidt længere i baggrunden til venstre Udenrigsministeriets bygninger. Længere tilbage skimtes Christian IV's Børsbygning samt bygningskomplekset Christiansborg, der nu er sæde for det danske Folketing. I midten af billedet Nikolai Kirke.

Aerial view of Copenhagen's inner city seen from Christianshavn. In the foreground are the characteristic warehouses on Christianshavn and further in the background on the left are the Foreign Ministry buildings. Further back, a glimpse is caught of Christian IV's Stock Exchange and Christiansborg which is now the seat of the Danish Parliament. In the middle of the picture is Nikolai Church.

Luftaufnahme der Kopenhagener Innenstadt von Christianshavn her gesehen. Im Vordergrund die charakteristischen Speicher von Christianshavn und etwas weiter hinten links die Gebäude des Außenministeriums. Noch weiter im Hintergrund ist die unter Christian IV. erbaute Börse zu erkennen und der Gebäudekomplex von Christiansborg, jetzt Sitz des dänischen Parlamentes. In der Mitte der Aufnahme die Nikolaikirche.

Vue aérienne sur l'ancien Copenhague depuis Christianshavn. Au premier plan les vieux entrepôts de Christianshavn et un peu à gauche, les bâtiments du Ministère des Affaires Etrangères. On aperçoit juste derrière, la flèche de la Bourse de Christian IV et le grand complexe de Christiansborg, aujourd'hui siège du Parlement. Au centre de la photo, l'église Nikolai Kirke.

Vista aérea de Copenhague central tomada desde Christianshavn. En primer plano los almacenes típicos de Christianshavn y al fondo hacia la izquierda el Ministerio de Asuntos Exteriores. Mas atrás se adivina la Bolsa de Christian IV junto con el complejo arquitectónico de Christiansborg que es la sede del Parlamento. En el centro la Iglesia de San Nicolás.

»Strøget«, verdens længste gågade

Strøget er ikke et københavnsk gadenavn, men betegnelsen for en række gader strækkende sig mellem Rådhuspladsen og Kongens Nytorv.

Strøget er Københavns pulsåre og regnes officielt for byens hovedgade. Atmosfæren på Strøget er legendarisk. Her trænges et bølgende menneskehav af børn, unge og gamle blandt mondæne forretninger, stormagasiner, banker, cafeer og restauranter. Her underholder gadeartister og -musikanter de spadserende. Københavns »hovedgade« var i 1950erne et infernalsk trafikkaos, men i 1962 forvandledes Strøget til verdens første og længste gågade på ca. 1,5 kms længde. Trafikken blev stoppet og siden har gadelivet floreret. Fra Rådhuspladsen med de mange skønne tårne slynger Strøget sig gennem den smalle næsten bazaragtige Frederiksberggade og Nygade til de to torve: Nytorv og Gammeltorv. Her springer den smukke renæssancevandkunst Caritas én i øjnene. Ved Vimmelskaftet, der oprindelig hed Tyskemannegade, slår Strøget et knæk og åbner sig mod Amagertorv ved Helligåndskirken fra 1730 og det særprægede Storkespringvand. På Højbroplads knejser statuen af bisp Absalon højt til hest. Ved Østergade, der er den mest mondæne del af Strøget, passeres Nikolai Kirke, hvis historie kan føres tilbage til 1200-tallet. Strøget udmunder i Kongens Nytorv med de mange smukke palæer, Det kongelige Teater og statuen af enevoldsherskeren kong Christian V.

»Strøget«, The World's Longest Walking Street

Strøget, is not just the name of a Copenhagen street, but the special name of a row of shopping streets, stretching from Rådhuspladsen (Town Hall Square) to Kongens Nytorv – the two main squares. Strøget is considered Copenhagen's main street and major artery. The atmosphere on Strøget is legendary. Throngs of people, young and old, crowd fashionable shops, banks, cafés, and restaurants. Artists and musicians entertain the passersby. In the 1950's, Copenhagen's main street was an infernal traffic jam, but in 1962, Strøget was changed into the world's first and longest walking street – about 1,5 kilometers long. Traffic was prohibited and a busy street life has flourished ever since. From Town Hall Square, with its many lovely towers, Strøget winds through small, bazaar-like Frederiksberggade and Nygade to the two squares, Nytorv and Gammeltorv. At Vinmelskaftet, Strøget bends and opens into Amagertorv, where Helligåndskirke (Holy Spirit Church) from 1730, and the distinctive Stork Fountain are located. At Østergade, the most fashionable part of Strøget, is Nikolai Church, whose history dates back to the 13th century. Strøget ends in Kongens Nytorv, with its many elegant mansions, The Royal Theatre, and the statue of the absolute monarch, King Christian V.

»Strøget« – Fußgängerstraße Kopenhagens

Strøget ist kein Kopenhagener Straßenname, sondern die Bezeichnung für eine Reihe von Straßen zwischen dem Rathausplatz und Kongens Nytorv.

Strøget ist die Pulsader Kopenhagens und offiziell die Hauptstraße der Stadt. Die Stimmung auf der Strøget ist legendarisch. Hier drängen sich Kinder, Junge und Alte vor und in mondänen Geschäften, Kaufhäusern, Banken, Cafés und Restaurants. Hier unterhalten Straßenartisten und Musikanten die Passanten. Noch in den Fünfziger Jahren war die Strøget ein Verkehrschaos, aber wurde 1962 in die erste und längste (ca. 1,5 km) Fußgängerstraße der Welt umgewandelt. Seitdem floriert das Straßenleben. Vom Rathausplatz mit den vielen schönen Türmen windet sich die Strøget durch die schmale, basarähnliche Frederiksberggade und die Vimmelskaftet macht die Strøget einen Knick und öffnet sich zum Amagertorv mit der Heiliggeistkirche (erbaut 1730) und dem Storchenspringbrunnen hin. Auf dem Højbroplatz thront Bischof Absalon hoch zu Pferde. In der Nähe der Østergade, dem mondänsten Teil der Strøget, liegt die Nikolaikirche, deren Geschichte ins 13. Jh. zurückreicht. Die Strøget mündet in den Kongens Nytorv ein, mit seinen vielen hübschen Palais, dem Königlichen Theater und der Statue des absolutistischen Herrschers Christian IV.

Le « Strøget »

Strøget n'est pas un nom de rue à Copenhague, mais plutôt d'un ensemble de rues, qui s'étirent entre deux grandes places, la place de l'Hôtel de Ville et Kongens Nytorv. Le « Strøget » est la vraie artère de la ville et reconnu officiellement comme la rue principale de Copenhague. Son athmosphère est légendaire! Ici, se presse une marée humaine montante, d'enfants, de jeunes et d'adultes parmi les belles boutiques, les cafés et restaurants, les banques et les grands magasins. Là, musiciens et artistes de la rue divertissent les passant. Autrefois la « rue centrale » de la ville était un chaos infernal de cyclistes, bus, voitures et piétons. En 1962, le « Strøget » fut converti en rue piétonnière de 1,5 km, la plus longue du monde. Toute circulation interdite, la vie de la rue fut transfigurée. De la Place de l'Hôtel de Ville, aux tourelles vert-de-gris, le « Strøget » s'étire par d'étroites rues marchandes vers deux petites places: Nytorv et Gammeltorv, où la petite fontaine renaissance *Caritas* nous éblouit. Dans Vimmelskaftet, l'ancienne rue des Allemands, « Strøget » fait un coude et s'élargit dans Amagertorv vers l'*Eglise du Saint-Esprit* (1730) et l'étonnante *Fontaine des Cigognes*. Sur Højbroplads se dresse la statue équestre de l'*Evêque Absalon*. Dans Østergade, partie sélect du « Strøget », on passe vers l'*Eglise Nikolai* qui date du 11° siècle. Le « Strøget » se termine à Kongens Nytorv, la place aux jolis palais, avec le *Théatre Royal*, et la statue du grand roi absolu *Christian V*.

»Strøget«, la calle peatonal más larga del mundo

Strøget no es el nombre de una calle de Copenhague, sino una denominación que incluye una serie de calles que se extienden desde Rådhuspladsen hasta Kongens Nytorv. Strøget es la arteria de Copenhague y se calcula oficialmente como la calle principal de esta ciudad. La atmósfera de Strøget es legendaria. Aquí se encuentra una muchedumbre de gente formada por niños, viejos y jovenes mezclados entre tiendas elegantes, grandes almacenes, bancos, cafés y restaurantes. Aquí entretienen los artistas callejeros y músicos a los transeúntes. En esta calle había en los años 50 un tráfico infernal, pero en 1962 se tranformó Strøget en la primera y más larga calle peatonal del mundo de 1,5 km de longitud. El tráfico se suprimió, y des entonces ha florecido una vida callejera llena de encanto.

Desde Rådhusplads con sus muchas y bonitas torres se desliza Strøget formada por las estrechas Frederiksbergade y Nygade hacia las plazas de Nytorv y Gammeltorv. Aquí se puede admirar la fuente renacentista de «Caritas». En Vimmelskaftet que originalmente se llamaba «Tyskemannegade» tuerce bruscamente y desde *Helligåndskirken* de 1730 se abre hacia Amagertorv con la decorativa fuente de *Storkespringvandet*. En Højbroplads se levanta la estatua de *Absalon* a caballo. El trozo de Østergade que es la parte más cosmopolita de Strøget pasa cerca de *Nikolaj Kirke* cuya historia se remonta hasta los años 1200. Strøget desemboca en *Kongens Nytorv* donde se encuentran muchos y bonitos palacios, el *Teatro Real*, y la estatua del rey absoluto *Christian V*.

Luftfoto af den centrale gamle bykerne i København. I midten af billedet slynger »Strøget« sig gennem byen. I forgrunden ses de to store pladser, Gammeltorv og Nytorv. Til venstre skimtes Vor Frue Kirke og Rundetårn. I midten af billedets baggrund ses Helligåndskirken, Højbro Plads og Nikolai Kirke.

Aerial view of the old town center. In the middle of the picture, Strøget winds through the city. In the foreground, are 2 large squares, Gammeltorv, and Nytorv. To the left are The Church of Our Lady and the Round Tower. In the middle background are The Church of the Holy Spirit and Nikolai Church.

Luftaufnahme des alten Stadtkerns von Kopenhagen. In der Mitte des Bildes schlängelt sich die »Strøget« durch die Stadt. Vorne die beiden großen Plätze Gammeltorv und Nytorv, links der Dom und der Runde Turm. Im Hintergrund mitten im Bild die Heiliggeistkirche, der Højbro-Platz und die Nikolaikirche.

Vue aérienne du centre de la vieille ville. Au milieu de la photo, serpente le « Strøget ». Au premier plan, les deux petites places Gammeltorv et Nytorv. A gauche, on aperçoit l'église Vor Frue (Notre Dame) et la Tour Ronde. Au fond et au centre, Helligåndskirke, la place de Højbro et Nikolai Kirke.

Foto aérea del centro viejo de Copenhague. En medio Strøget. En medio primer plano las dos plazas grandes de Gammeltorv y Nytorv. A la izquierda se ven Vor Frue Kirke y La Torre Redonda. En el centro del fondo tenemos, la iglesia del Espíritu Santo, Højbro Plads y Nikolai Kirke.

Det prægtige Caritas-springvand. I baggrunden Vor Frue Kirke. Gade-sælgere på Gammeltorv.

The golden apples on the magnificent Caritas Fountain. In the back-ground, The Church of Our Lady.

Wenigstens einmal im Jahr hüpfen die Goldäpfel auf dem prächtigen Cariasspringbrunnen. Im Hinter-grund der Dom. Straßenverkäufer.

Au moins une fois l'an, les pommes d'or dansent dans la jolie fontaine Caritas. Au fond, l'église Vor Frue. Marchands ambulants sur Gammeltorv.

Por lo menos una vez al año saltan las manzanas de oro en la bonita fuente de Cáritas. Detrás la Iglesia de Nuestra Señora. Gammeltorv.

42

Artister, musikere og andet godtfolk sætter deres præg på Københavns indkøbsgade, Strøget. Selv forklædte vikinger og skjoldmøer kan man møde i vrimmelen.

Artists and musicians are part of the atmosphere on Strøget – Copenhagen's shopping street. You can even see dressed-up Vikings and Valkyries.

Artisten, Musiker und andere brave Leute prägen Kopenhagens Einkaufsstraße, die Strøget. Selbst verkleideten Wikingern und Walküren kann man im Gedränge begegnen.

Marchands, musiciens et artistes sur le «Strøget» divertissent les passants. On peut même rencontrer dans la foule les vikings et les valkyries déguisés.

Artistas, músicos y otras buenas personas ponen su sello en la calle peatonal de «Strøget». Hasta vikingos disfrazados y amazonas con escudos se pueden ver entre los transeúntes.

På Strøget mødes gammelt og nyt. På Amagertorv ses en af Københavns ældste renaissancebygninger opført i røde sten af borgmester Matthias Hansen i 1616. Storkespringvandet fra 1894. Gamle bindingsværkshuse i sidegaderne.

You can see both old and new on Strøget. On Amagertorv, you can see one of Copenhagen's oldest Renaissance buildings – built in red stone in 1616. The Stork Fountain. Half-timbered houses on side streets.

Altes neben Neuem auf der Strøget. Einer der ältesten Renaissancebauten Kopenhagens aus dem Jahr 1616 auf dem Amagertorv. Der Storchenspringbrunnen, erbaut 1894. Alte Fachwerkhäuser im Zentrum.

L'ancien et le nouveau se retrouvent dans «Strøget». Sur Amagertorv, l'un des plus anciens bâtiments renaissance en briques rouges de la ville (1616). La «Fontaine aux Cigognes», de 1894. Vieux colombages dans les rues latérales.

En Amagertorv se encuentra una de las más antiguas construcciones renacentistas de Copenhague construida por el alcalde Mathias Hansen en 1616. Fuente de Las Cigüeñas de 1894. Viejas casas.

Kongens København

I mere end 600 år har de danske regenter haft domicil i *Kongens København*, som man populært kalder Danmarks hovedstad. Overalt i byen finder man minder om deres skabertrang og magt.

Det var frem for alt kong Christian IV, der kom til at sætte sit præg på det københavnske bybillede. 1613 byggede han det smukke renaessancelystslot Rosenborg Slot, der nu er indrettet som nationalhistorisk museum. Herfra kan man daglig opleve den kongelige danske livgarde traekke op for senere at marchere gennem byens gader til dronningens residens Amalienborg. Et festligt indslag i den københavnske hverdag. På sin vej passerer garden endnu et af den byggeglade konges mange smukke bygningsvaerker Rundetårn. Det usaedvanlige tårn blev opført som observatorium 1640 og er forsynet med hans kongelige initialer. Ved den store åbne plads *Kongens Nytorv*, marcherer garden forbi kanalkvarteret *Nyhavn* anlagt 1673. Her opholdt digteren H.C. Andersen (1805-75) sig i mange år. Han boede i nummer 18, 20 og 67, og skrev her nogle af sine mest berømte og elskede eventyr. De ulige numre af kanalen var tidligere et lastens paradis, men er nu blevet forvandlet til et mondaent kvarter med eksklusive restauranter og vaertshuse. På Amalienborg Slotsplads omgivet af fire rokokkopalaeer afsluttes vagtparaden med eksercits og honnører til glaede for den kongelige familie og de mange nysgerrige tilskuere.

»The King's Copenhagen«

For more than 600 years, the Danish rulers have had their domicile in »the King's Copenhagen«, as Denmark's capital is popularly called. Reminders of their creativity and power are found throughout the city.

In 1613, King Christian IV built the splendid Renaissance castle, Rosenborg, which is now a national historical museum. Daily, you can see *The Royal Danish Guards* march from here, through the city streets, to Amalienborg, the Queens residence – a festive part of everyday Copenhagen. On their way, the Guards pass through yet another of the Great Builder's many beautiful structures, *Rundetårn* (Round Tower). This unusual tower was built as an observatory in 1640 and is designed with the king's initials. At the large open square, *Kongens Nytorv* (King's New Square), the Guards march by the canal district, *Nyhavn* (New Harbor), which was built in 1673. The writer, *Hans Christian Andersen* lived in Numbers 18, 20, and 67, and wrote some of his most famous fairy-tales here. The uneven-numbered side of the canal was once a red light district, but has now become a fashionable area with exclusive restaurants and cafés. At Amalienborg Palace Square, which is surrounded by 4 Rococo palaces, the Changing of the Guards is concluded with drills and salutes, to the delight of the Royal Family and the many curious spectators.

Des Königs Kopenhagen

Seit mehr als 600 Jahren haben die dänischen Regenten ihr Domizil in »des Königs Kopenhagen«, wie die Stadt im Volksmund genannt wird. Überall in ihr findet man Zeugnisse vom Schaffensdrang und der Macht der Regenten.

Vor allem war es König Christian IV., der dem Kopenhagener Stadtbild seinen Stempel aufdrückte. 1613 ließ er das schöne Renaissanceschloß *Rosenborg* erbauen, das jetzt nationalhistorisches Museum ist. Hier zieht täglich die königlich-dänische Leibgarde auf, um anschließend durch die Straßen der Stadt zur Residenz der Königin, *Amalienborg*, zu marschieren. Ein festlicher Anblick im Kopenhagener Alltag. Auf ihrem Weg kommt die Garde auch am *Runden Turm* vorbei, den Christian IV. 1640 als Observatorium erbauen ließ und der seine Initialen trägt. In der Nähe des großen, offenen Platzes *Kongens Nytorv* passiert die Garde *Nyhavn* mit seinen Kanälen, das 1673 angelegt wurde. Hier lebte der Dichter H. Chr. Andersen (1805-75) viele Jahre lang in Nr. 18, 20 und 67, wo er einige seiner berühmtesten Märchen schrieb. Nyhavns Seite mit ungeraden Hausnummern war früher ein Paradies der Laster. Jetzt ist es ein mondänes Viertel mit exklusiven Restaurants. Auf dem Schloßplatz von Amalienborg, der von vier Rokokopalästen eingerahmt ist, endet die Wachparade mit Exerzieren und Honneurs, zu Ehren der königlichen Familie und zur Freude der vielen neugierigen Zuschauer.

Le Copenhague des Rois

Pendant plus de 600 ans, les rois danois ont résidé au *Copenhague Royal*, ainsi familièrement appelée la capitale du Danemark. La ville est parsemée des souvenirs de leur puissance et de leurs créations.

C'est avant tout le roi *Christian IV* qui a fortement marqué le visage de la ville. Déjà en 1613 il fit construire le *Château de Rosenborg*, très beau pavillon renaissance qui, maintenant, est aménagé en musée national d'histoire.

Et c'est là que tous les jours, un détachement de la garde royale se prépare, pour défiler ensuite dans les rues de la ville et prendre la relève à *Amalienborg*, résidence de la Reine. Un élément festoyant dans la routine quotidieme. Sur sa route, la garde passe devant encore une construction du grand roi bâtisseur: la *Tour ronde*. Cet édifice insolite fut érigé en 1640 comme observatoire et porte son monogramme. Vers la grande place ronde, *Kongens Nytorv*, la garde passe devant le canal *Nyhavn* creusé en 1673. C'est là que le conteur *H. C. Andersen* (1805-75) a habité de nombreuses années. Il a logé aux numéros 18, 20 et 67, et il y écrit certains de ses contes les plus connus et les plus appréciés. Autrefois, le côté impair du canal était le « pigalle » de la ville, mais il est devenu maintenant un quartier chic aux restaurants et cabarets sélects.

Sur la place du Château d'Amalienborg, la parade de la garde se termine en cérémonies de gardeà-vous, pour la grande joie des nombreux spectateurs et de la famille royale.

Copenhague una ciudad real

La familia real danesa ha vivido durante más de 600 años en la llamada Copenhague Real como popularmente se llama a la capital de Dinamarca. Fué el rey Christian IV el que dió el carácter que la ciudad tiene. En 1613 hizo construir el palacio de *Rosenborg* que ahora es un museo historico nacional. Desde aquí se puede ver como la guardia real sale de su cuartel y desfilando por las calles de Copenhague llega al palacio de *Amalienborg*, donde la reina vive, para hacer el cambio de guardia. Un espectáculo diario de las calles de Copenhague. En su desfile pasa la guardia por otro de los edificios construidos por *Christian IV*, la Torre Redonda que en 1640 fué construido como observatorio astronómico y que mantiene las iniciales reales. En la plaza grande de *Kongens Nytorv* (el Mercado Nuevo del Rey) desfila al lado del *Nyhavn* (Puerto Nuevo) construido en 1643. En este lugar el escritor *H.C. Andersen* (1805-75) ha vivido muchos años, justamente en los números 18, 20 y 67, donde ha escrito algunos de sus cuentos más famosos. El lado de los números impares ha sido hasta hace poco el paraíso de «la moral ligera», pero ahora se ha transformado en uno de los barrios más «in» de Copenhague con restaurantes de alto nivel. En la plaza de Amalienborg formada por cuatro palacios rococó termina el desfile con el cambio de guardia, acontecimiento que atrae la atención de muchas personas.

Den kongelige livgarde i fuld galla foran Christian IVs smukke renaessanceslot Rosenborg. Løven bevogter såvel udenfor som indenfor slottets mange skatte.

The Royal Life Guards in full dress in front of Christian IV's beautiful Renaissance Castle, Rosenborg. The lion guards the castle's treasures, both inside and outside.

Die königliche Leibgarde in voller Galla vor dem schönen Renaissanceschloß Rosenborg. Sowohl draußen wie drinnen im Schloß bewacht ein Löwe die vielen Schätze.

Le Garde Royale en tenue de gala devant Rosenborg, très beau pavillon renaissance de Christian IV. Le lion monte, dehors et dedans, la garde des innombrables trésors.

La Guardia Real con uniforme de gala delante del palacio renacentista de Christian IV, Rosenborg. Los leones cuidan tanto por dentro como por fuera, los muchos tesoros del palacio.

København har mere end 2.000 re-
stauranter, hvor man har mulighed
for at nyde det verdensberømte dan-
ske smørrebrød, øl og snaps. Endnu
kan man opleve hestetrukne ølvogne.

Copenhagen has more than 2.000
restaurants where you can enjoy the
world-famous Danish "smørrebrød",
beer and aquavit. You can still see
horse-drawn beer wagons today.

Kopenhagen hat mehr als 2000 Re-
staurants, wo man das berühmte dä-
nische Smørrebrød, Bier und den
Aalborger Schnaps genießen kann.
Es gibt immer noch Bierwagen mit
Pferdegespann.

Plus de 2000 restaurants à Copen-
hague permettent de savourer les
«smørrebrød» danois connus du
monde entier, la bière et le «snaps».
On rencontre encore la voiture de
bière tirée par des chevaux.

Copenhague tiene más de 2.000
restaurantes, donde se puede tomar
los famosos «smørrebrød» daneses
con cerveza y «snaps». Aquí coches
de caballos para llevar cerveza.

En særlig dansk specialitet er pølser, som fås ved de opstillede pølsevogne. Mange små caféer tilbyder sig med lækkert smørre-brød.

A Danish Specialty "pølser" (sausages) which can be bought at "pølser wagons". Many small cafés also serve delicious smørrebrød.

Eine dänische Spezialität sind Würstchen, die man an aufgestellten Wagen bekommt. Viele Cafés bieten leckeres Smørrebrød an.

Les petites saucisses sont une spécialité bien danoise, que l'on grignote vers les voiturettes aménagées. De nombreux petits cafés vous offrent de succulents canapés («smørrebrød»).

Algo especial danés, son las salchichas, que se compran en «cochecitos» especiales para ellas. Muchos pequeños restaurantes se especializan en «smørrebrød».

Blik ud over Christianshavns snorlige gader og kanaler. Omtrent i midten af billedet ses barokkirken Vor Frelsers Kirke fra 1682 med det snoede spir fra 1750. Til venstre ses Udenrigsministeriet og længst i baggrunden flådestationen Holmen samt B & W s Skibsværft.

A glance over Christianshavn's ruler-straight streets and canals. In the middle of the picture is the Baroque Church of our Savior with the twisted spire from 1682. To the left is the Foreign Ministry, and in the background is the Naval Base Holmen and B & W.

Blick auf die geraden Straßen und Kanäle von Christianshavn.
Etwa mitten im Bild die Erlöserkirche (Barock, erbaut 1682) mit
dem gewundenen Turm aus dem Jahr 1750 Links das Außenmini-
sterium, ganz hinten die Flottenbasis Holmen und die Schiffswerft
Burmeister & Wain.

Un regard sur les petites rues et les canaux de Christianshavn.
Presque au centre, l'église baroque du Saint-Sauveur (Vor Frelser)
de 1662, avec sa flèche en colimaçon de 1750. Tout à gauche, le
Ministère des Aff. Etrangères, et tout au fond la base navale puis le
chantier naval B & W.

Vista sobre Christianshavn y sus calles, canales. En el centro de la
foto se ve la iglesia barroca de Nuestro Salvador de 1682 con su
torre de 1750. A la izquierda el Ministerio de Asuntos Exteriores y
al fondo la armada Holmen con los astilleros de B & W.

Rundt i den indre by

I København taler man om byen indenfor og udenfor de gamle nu sløjfede volde. På det gamle voldterræn ligger to italiensk inspirerede bygninger, *rådhuset* opført af Martin Nyrop 1903 samt *Ny Carlsberg Glyptoteket* fra 1892-1906. Det rummer en storslået samling af antik og fransk kunst bekostet af Carlsberg-bryggerierne. Udenfor voldene finder man den 15 m høje *Frihedsstøtte* fra 1797 opstillet til minde om de danske bønders frigivelse fra Stavnsbåndet i 1788. Fra søjlen med de evigt trutende *Lurblæsere* på Rådhuspladsen bevæger man sig ind i den gamle bydel. Her passerer man den lille plads *Vandkunsten* med det særprægede springvand fra 1910, de små snævre gader med et væld af antikvitetsforretninger samt de velbevarede ildebrandshuse. Ved kanalerne med de mange broer, der fører over til *Slotsholmen*, er der venetiansk stemning.

Her på den tidligere ø ligger *Christiansborg* fra 1907, der nu rummer *Folketinget* – det danske parlament – samt mange andre offentlige bygninger. Af særlig interesse er *Thorvaldsens Museum* samt den særprægede *Børs* fra 1619. Et stenkast fra slottet ligger *Prinsens Palæ* fra 1684 – nu *Nationalmuseum* – og *Holmens Kirke* fra 1563. Bag »Strøget« finder man bl.a. den bombastiske *Vor Frue Kirke* fra 1811, *Universitetet* fra 1831 og det charmerende *Gråbrødre Torv* med de mange restauranter og de velbevarede borgerhuse. Latinerkvarteret afsluttes ved gaderne Fiolstræde og Købmagergade.

Around The Center of The City

In Copenhagen, one refers to the city inside and outside, the now-abolished ramparts. Within the old ramparts are two Italian-inspired buildings – the *Town Hall*, built by Martin Nyrop (1903), and the *Ny Carlsberg Glyptotek* from 1892-1906. This contains a magnificent collection of antique and French-inspired art, donated by the Carlsberg Breweries. Outside the old ramparts, the 15 meter high *Frihedsstøtte* (Freedom Statue) is found, which was erected in 1797 in remembrance of the emancipation of the Danish farmers.

From the column with the immortal *Lurblæsere* (Lur Blowers) on Town Hall Square, you proceed to the old part of the city. Here you pass the little square *Vandkunsten*, with its distinctive fountain from 1910 and the small narrow streets with a wealth of antique shops. There is a special Venetian atmosphere as you walk over to *Slotsholmen* along the canals and bridges. Here on the former island is *Christiansborg* from 1907, which now houses the *Folketing* (Danish Parliament). A stone's throw from here is the *National Museum*, a former palace from 1684. Other buildings of special interest are *Thorvaldsen's Museum* and the unique *Børs* (Stock Exchange) from 1617. Behind *Strøget*, is the charming Gråbrødre Square with its many restaurants and well-preserved town houses.

Rundgang in der Innenstadt

In Kopenhagen spricht man von der Stadt innerhalb und außerhalb der alten, jetzt eingeebneten Wälle. Auf dem alten Stadtwallterrain liegen zwei italienisch inspirierte Gebäude, das *Rathaus* und die *Ny Carlsberg Glyptothek* (1892-1906), die eine von Carlsberg gestiftete, großartige Sammlung antiker und französischer Kunst beherbergt. Außerhalb der ehemaligen Wälle steht die 15 m hohe »Frihedsstøtte«, errichtet 1797 zur Erinnerung an die dänische Bauernbefreiung.

Von der Säule mit den Lurenbläsern auf dem Rathausplatz geht man weiter und gelangt in den alten Stadtteil, vorbei am Springbrunnen *Vandkunsten* aus dem Jahr 1910 zu den kleinen schmalen Gassen mit ihren Antiquitätsläden. An den Kanälen mit den vielen Brücken, die zu *Slotsholmen* herüberführen, ist die Stimmung venezianisch. Hier auf der früheren Insel liegen *Christiansborg* aus dem Jahr 1907, wo jetzt das dänische Parlament seinen Sitz hat, und etliche andere öffentliche Gebäude. Von besonderem Interesse sind das *Thorvaldsen Museum* und die eigenartige *Börse*, erbaut 1619. Einen Steinwurf entfernt liegen das *Prinzenpalais* (1684), jetzt *Nationalmuseum*, und die *Holmens Kirche* aus dem Jahr 1563. Hinter der »Strøget« findet man die *Vor Frue Kirke*, d.h. den Dom (1811), die Universität (1831) und den »Markplatz der grauen Brüder« mit Restaurants und alten Bürgerhäusern. Mit der Fiolstræde und der Købmagergade endet das alte Universitätsviertel.

En flânant dans la vieille ville

On distingue souvent à Copenhague, les parties internes aux anciens remparts, rasés maintenant, de celles qui sont en dehors. Sur ces terrains, deux édifices inspirés d'Italie s'élèvent de nos jours, l'*Hôtel de Ville* (1903) bâti par Martin Nyrop, et la *Nouvelle Glyptothèque de Carlsberg* de 1892-1906, qui renferme entre autres, une imposante collection d'art antique et d'art français, donnée par les Brasseries Carlsberg. En delà des remparts fut érigé en 1797 le *Monument de la Liberté* haut de 15 m, en mémoire de l'abolition du servage.

Depuis la *Colonne des Lurs*, Place de l'Hôtel de Ville, on entre dans la vieille ville et, par la place *Vandkunsten* et sa curieuse fontaine, on passe par les petites rues aux antiquaires et aux maisons sauvées des incendies, pour aboutir vers les canaux. On retrouve là une ambiance un peu vénitienne avec tous les ponts qui mènent à *l'Ile du Château*.

Cette île porte *Christiansborg* depuis 1907, siège actuel du *Parlement*, ainsi que d'autres édifices officiels. D'intérêt spécial citons le *Musée Thorvaldsen* et la *Bourse* (1619) au style particulier. A trois pas du château on trouve le *Palais du Prince*, de 1684, maintenant *Musée National*, et *Holmens Kirke*, bâtie en 1563.

Derrière le « Strøget » se trouvent, l'église emphatique *Notre Dame*, de 1811, l'*Université*, de 1831, et l'aimable petite place *Gråbrødre Torv*, avec cafés et restaurants variés et maisons bien conservées. Le quartier latin finit par les petites rues pour piétons Fiolstræde et Købmagergade.

Paseo por el centro de la ciudad

En Copenhague se habla de la parte de la ciudad de fuera de las defensas y de la de dentro. En los terrenos de las viejas fortificaciones existen dos edificios de inspiración italiana, el Ayuntamiento hecho por Martin Nyrop de 1903, y la *Ny Carlsberg Glyptoteket* de 1892-1906. Esta contiene una grandiosa colección de arte antiguo y francés pagado por la cervecería de Carlsberg. Fuera de los muros tenemos el monumento de *La Libertad* de 1797 de 15 m de altura y en conmemoración de la liberación de los campesinos en 1788. Desde la columna de los *Lurblæsere* en la Plaza del Ayuntamiento, nos dirigimos hacia la parte antigua de la ciudad. Se pasa por la pequeña plaza de *Vandkunsten* con la especial fuente de 1910, las pequeñas y estrechas calles con montones de tiendas de antiguedades y las bien conservadas casas del tiempo después del gran incendio en 1828. En los canales con sus muchos puentes, que conducen a *Slotsholmen*, hay un ambiente veneciano. Aquí en esta isla está *Christianborg* de 1907 que ahora contiene el Parlamento, y muchas otras instituciones oficiales. También de interés hay que notar el museo de *Thorvaldsen* y la Bolsa de 1619. Muy cerca de aquí se encuentra *Prinsens Palæ* de 1684 ahora *Museo Nacional* y *Holmens Kirke* de 1563. Detrás de Strøget se encuentra *Vor Frue Kirke* de 1811, la *Universidad* de 1831, y la encantadora plaza de *Gråbrødre* con sus muchos restaurantes. El barrio latino se termina con las peatonales de Fiolstræde y Købmagergade.

Det indre af København set fra luften. I midten af billedet ses den verdensberømte og elskede forlystelsespark Tivoli, der ligger som en oase i byens midte. Til venstre herfor Rådhuspladsen med Rådhuset. Den gamle byvold lå tidligere i midten af billedet ved H.C. Andersens Boulevard. Længst til venstre ses Slotsholmen og den ældste del af byen samt bydelen Christianshavn.

The center of Copenhagen seen from the air. In the middle of the picture, is the world-famous amusement park, Tivoli, which is like an oasis in the center of the city. To the left, is the Town Hall at Town Hall Square. The old city walls, in the middle of the picture, were originally at H.C. Andersens Boulevard. Farthest to the left is Slotsholmen and Christianshavn.

Kopenhagens Innenstadt als Luftaufnahme. In der Mitte des Bildes der berühmte und vielgeliebte Vergnügungspark Tivoli, eine Oase mitten in der Stadt. Links der Rathausplatz mit dem Rathaus. Der alte Stadtwall lag früher am H.C. Andersens Boulevard (Bildmitte). Ganz links Slotsholmen und der älteste Teil der Stadt sowie das Stadtviertel Christianshavn.

Le centre de Copenhague vu d'avion. On aperçoit au milieu, le célèbre jardin si apprécié de tous, Tivoli, un havre de paix en plein centre de la ville. A gauche, l'Hôtel de Ville et sa grande place. Les anciens remparts ont cédé l'espace au grand boulevard H.C. Andersen qui traverse la photo de bas en haut. Plus haut sur la gauche, l'îlot de Christiansborg, le vieux Copenhague et le quartier de Christianshavn.

Vista aérea del centro de Copenhague. A la derecha, el mundialmente famoso y querido parque de atracciones de Tivoli, que está como un oásis en el centro de la ciudad. A su izquierda, la Plaza del Ayuntamiento con el mismo. El antiguo foso de la ciudad se encontraba en medio de la foto, donde ahora está el Boulevard de H.C. Andersens. A la izquierda atrás Slotsholmen y la parte más antigua.

Søjlen med de to Lurblæsere er fra 1914. Den 15 m høje Frihedsstøtte blev i 1797 rejst til minde om de danske bønders frigørelse. Statuen af H.C. Andersen rejstes 1880.

The Column with the 2 lur players is from 1914. The Freedom Statue was erected in 1797, in memory of the Danish farmer's emancipation. Statue of H.C. Andersen.

Die Säule mit den beiden Lurenbläsern aus dem Jahr 1914. Der 15 m hohe Freiheitsobelisk, 1797 zum Gedenken an die dänische Bauernbefreiung errichtet. H.C. Andersen-Statue.

La colonne aux Sonneurs de Lurs date de 1914. L'Obélisque de la Liberté fut érigé en 1797. Statue de H.C. Andersen, inaugurée en 1880.

La columna con los dos «Lurblæsere» (sopladores de «lur») data del año 1914. El Obelisco de la Libertad. Estatua de H.C. Andersen se levantó en 1880.

I forgrunden ses statuen »Den lille Hornblæser« fra 1899. Et nationalt monument over de dansk-tyske krige 1848 og 1864. I baggrunden Martin Nyrops rådhus fra 1892, der er en næsten tro kopi af rådhuset i Siena, Italien.

In the foreground is the statue "The Little Hornblower" from 1899. A national monument of the Danish-German Wars of 1848 and 1864. In the background is Martin Nyrop's Town Hall from 1892, which is almost a copy of the Town Hall in Siena, Italy.

Im Vordergrund die Statue »Der kleine Hornbläser« (1899). Ein nationales Denkmal zur Erinnerung an die deutsch-dänischen Kriege 1848 und 1864. Im Hintergrund Martin Nyrops Rathaus, erbaut 1892 und eine nahezu getreue Kopie des Rathauses von Siena, Italien.

Au devant, statue du «Petit Clairon», monument historique de 1899, en mémoire des guerres contre les Allemands de 1848 et 1864. Au fond, l'Hôtel de ville, de Martin Nyrop, copie presque intégrale de l'Hôtel de Ville de Sienne, en Italie.

En primer plano se ve «El pequeño trompestista» de 1899. Un monumento nacional de la guerra dano-alemana de 1848-1864. Detrás el Ayuntamiento hecho por Martin Nyrop de 1892 y es una auténtica copia del de Siena en Italia.

Rådhuspladsen med »Dragespringvandet« fra 1923. – Town Hall Square with the "Dragon Fountain" from 1923. – Der Rathausplatz mit dem Drachenspringbrunnen aus dem Jahr 1923. – La Place de l'Hôtel de Ville avec la «Fontaine du Dragon», de 1923. – La plaza del ayuntamiento, con la Fuente del Dragón de 1923.

Kong Christian IVs prægtigste bygningsværk Børsen fra 1620 med det slanke, snoede dragespir og de mange små kviste er absolut Københavns fineste bygning. Bygningen blev opført af de hollandske brødre van Steenwinckel og det blev indledningen til en ekspanderende handel. Børsen er præget af en mængde statuer, hvoraf antikkens guder Merkur og Neptun på endegavlen symboliserer handlen og havet.
I baggrunden ses Christiansborg.

King Christian IV's splendid building the Stock Exchange, with its narrow twisted dragon spire and small garrets, is absolutely Copenhagen's finest building. It was built by the Dutch brothers, van Steenwinckel, and it was the beginning of an expanding commerce. The Stock Exchange is characterized by many statues, with Mercury and Neptune on the side gables, symbolizing commerce and the sea. In the background is Christiansborg.

Das prächtigste Bauwerk König Christian IV., die Börse aus dem Jahr 1620 mit dem schlanken, gewundenen Drachenturm und den vielen kleinen Giebeln, ist zweifellos Kopenhagens schönstes Gebäude. Baumeister waren die holländischen Brüder van Steenwinckel. Bemerkenswert sind die vielen Statuen, von denen die antiken Götter Merkur und Neptun den Handel und die See symbolisieren. Die Börse trug zur Ausdehnung des Handels bei. Im Hintergrund Christiansborg.

La Bourse, chef-d'oeuvre des constructions de Christian IV, en 1620, avec sa flèche élancée de quatre queues de dragons entrelacées et ses nombreuses mansardes, est absolument les plus fin de tous les bâtiments de Copenhague. Exécuté par les frères hollandais van Steenwinckel, il fut le début d'un commerce florissant. La Bourse est décorée de nombreuses statues, les dieux Mercure et Neptune en fronton, symbolisant le commerce et la mer. Dans le fond: Christiansborg.

La Bolsa, obra magnífica de Christian IV de 1620 que con su elegante torre formada por las colas enrolladas de cuatro dragones es absolutamente el edificio más bonito de la ciudad. Fué construido por los hermanos holandeses van Steenwinckel y fué el orígin de un mercado en expansión. Está decorada con muchas estatuas entre otras los dioses antiguos Neptuno y Mercurio representantes del mar y del comercio. Detrás se ve Christiansborg.

Udsigt over kanalen ved Gammel Strand. Statuen af krigerbispen Absalon med sværd og økse skuer hen mod Slotsholmen. Herover ses i baggrunden Nikolai Kirke og i forgrunden Thorvaldsens Museum.

View of the canal at Gammel Strand. The statue of the Warrior Bishop Absalon with sword and axe, looking towards Slotsholmen. In the background is Nikolai Church and in the foreground, Thorvaldsen's Museum.

Aussicht über den Kanal am Gammel Strand. Der Kriegerbischof Absalon mit Schwert und Axt blickt von seinem Denkmal nach Slotsholmen hinüber. Im Hintergrund die Nikolaikirche und im Vordergrund das Thorvaldsen Museum.

Vue sur les canaux vers Gammel Strand. L'Evêque Absalon, l'épée en main, contemple Christiansborg. Ci-contre, au fond, Nikolai Kirke et en premier plan, le musée Thorvaldsen.

Vista sobre el canal en Gammel Strand. Estatua del obispo guerrero Absalon que con la espada y el hacha mira hacia Slotsholmen. Detrás la iglesia de San Nicolás y en primer plano el museo de Thorvaldsen.

Det 36 meter høje Rundetårn fra 1642 med Christian IVs monogram. »Ildebrandshuse« på Gråbrødre Torv. Torvet er i dag præget af mange spændende restauranter.

The 36 meter high Round Tower from 1642, with Christian IV's initials. The fire-houses at Gråbrødre Square. Today, the square is filled with many exciting restaurants.

Der 36 m hohe Runde Turm, erbaut 1642, mit den Initialen Christian IV. »Die Feuersbrunsthäuser« auf dem Markt der Grauen Brüder, der heute durch viele spannende Restaurants geprägt ist.

La Tour Ronde, haute de 36 m., avec le monogramme de Christian IV. Les «Maisons d'incendie» sur Gråbrødre Torv. Cette place offre aujourd'hui de nombreux restaurants passionnants.

La Torre Redonda de 36 m. de altura y del año 1642 con las iniciales de Christian IV. Las «casas del incendio» en Gråbrødre Torv. La plaza está llena de restaurantes.

Frederiksstaden, en kongelig bydel

Det var enevoldskongen Frederik V (1723-66), der i 1740erne anlagde Frederiksstaden centreret omkring Amalienborg Slot. Bydelen var dengang forbeholdt de adelige, men blev efter 1794 tillige kongelig residens. Bydelen med de mange fransk inspirerede rokokkopalæer har sit centrum på Amalienborgs ottekantede plads, hvor den kongelige livgarde med de sorte bjørneskindshuer bevogter dronning Margrethe IIs residens. Midt på den enestående plads står en rytterstatue af grundlæggeren. Netop her skærer bydelens symmetrisk anlagte gader sig i et centrum.

For enden af pladsen står den storslåede Frederikskirke, der på begyndtes 1749, men først blev fuldendt 1894, også kaldet Marmorkirken. Dens kuppel hører til blandt verdens største. Med udsigt til havnen ligger Amaliehaven, bekostet af midler fra Mærsk-koncernen, en af Danmarks største.

I den anden del af Frederiksstaden står Københavns største monument Gefionspringvandet fra 1909 skænket af Carlsberg. Også den verdensberømte »Lille havfrue« på Langelinie fra 1913 er et Carlsberg-produkt. Københavns vartegn – og vel nok verdens mest fotograferede og elskede pige! Her i yderkanten af det gamle København ligger tillige byens befæstning Kastellet fra 1662 samt de gulkalkede Nyboder, fra 1631. Kong Christian IV opførte her 616 boliger for flådens folk – og det er de stadig.

Frederiksstaden, The Royal Quarter

In the 1740's, the absolute monarch, Frederik V (1723-66), founded Frederiksstaden, which was centered around Amalienborg Palace. At that time, the quarter was reserved for the nobility, and after 1794, it became the royal residence as well. The area, with its many French-inspired Rococo palaces, has its center on Amalienborg's octagonal square, where the Royal Guards, with their black bear-skin hats, guard the residence of Queen Margrethe II. A statue of the founder, stands in the middle of this unique square, exactly where the symmetrically laid-down streets meet.

The magnificent Frederiks Church (also called Marmor Church – Marble Church) started in 1749 but first completed in 1894, is situated at the end of the square. It has one of the largest domes in the world. The Gefion Fountain, on the other side of Frederiksstaden, was donated by Carlsberg in 1909. It is the largest monument in Copenhagen. The world famous »Little Mermaid« on Langelinie, from 1913 is also a donation. It is a landmark of Copenhagen and probably one of the world's most photographed and beloved girls. The Kastellet (1662), one of the city's fortifications, and the yellow-chalked Nyboder from 1631, are also situated on the edge of Copenhagen. King Christian IV, constructed 616 houses for the naval sailors here, and it is still standing.

Frederiksstaden, Stadtteil Königlicher Kopenhagens

In den 1740er Jahren ließ der absolutistische König Frederik V. (1723-66) um Schloß Amalienborg herum Frederiksstaden anlegen. Der Stadtteil war damals den Adligen vorbehalten und wurde 1794 zudem königliche Residenz. Zentrum für die vielen, französisch inspirierten Rokokopaläste ist der achtkantigen Schloßplatz, auf dem die kgl. Leibgarde mit den schwarzen Bärenmützen die Residenz von Königin Margrethe II. bewacht. Mitten auf dem einzigartigen Platz steht die Reiterstatue seines Erbauers. Hier schneiden sich auch die symmetrisch angelegten Straßen des Stadtteils. Am Ende des Platzes steht die großartige Frederikskirche, auch Marmorkirche genannt, deren Bau 1749 eingeleitet wurde, aber erst 1894 abgeschlossen war. Ihre Kuppel gehört zu den größten der Welt. Die Parkanlage Amalienhaven mit Aussicht auf den Hafen ist ein Geschenk von Mærsk, einem der größten Konzerne Dänemarks.

In einem anderen Teil von Frederiksstaden steht das größte Denkmal Kopenhagens, der Gefionspringbrunnen, ein Geschenk von Carlsberg und erbaut 1909. Auch die weltbekannte »Kleine Meerjungfrau« auf Langelinie wurde von Carlsberg gestiftet (1913). Sie ist Kopenhagens Wahrzeichen und sicher das am häufigsten fotografierte Mädchen der Welt. Hier am Rande des alten Kopenhagen liegen auch die Festung Kastellet, erbaut 1662, und die von Christian IV. im Jahr 1631 für Angehörige seiner Flotte errichteten, gelb gekalkten 616 Wohnungen, Nyboder genannt.

La Cité de Frédérik et le quartier royal

C'est le roi absolu *Frédérik V* (1723-66), qui établit vers 1740 la *Cité de Frédérik*, centrée sur le *Château d'Amalienborg*. Ce quartier fut d'abord réservé à la noblesse, mais devint aussi en 1794 la résidence royale. Marqué par de nombreux palais rococo d'inspiration française, ce quartier a son centre sur la place octogonale d'Amalienborg, où la Garde Royale aux bonnets à poils noirs fait la résidence de la Reine *Margrethe II*. Au milieu de cette place admirable, se dresse une statue équestre du fondateur. C'est ici le centre de la symétrie des rues de ce quartier.

Au bout de la place, on peut voir l'incomparable *Eglise de Frédérik*, commencée en 1749, mais seulement achevée en 1894. On l'appelle aussi *l'Eglise de Marbre*. Son dôme est parmi les plus vastes du monde. Vers le port, s'étend *Amaliehave*, jardin offert par l'armateur Mærsk & Co, l'un des plus puissants du pays. A l'autre bout de cette cité est érigée la plus grande sculpture de Copenhague, la *Fontaine de Géffion* offerte en 1909 par Carlsberg. La *Petite Sirène* si connue, à Langelinie, fut elle aussi offerte en 1913 par Carlsberg. Elle est l'emblème de Copenhague, et sans doute la jeune fille la plus aimée et photographiée du monde! Et là, au bord du centre du vieux Copenhague, *Kastellet*, anciennes fortifications de 1662, donnent un peu de verdure, tranchant avec les cités jaune ocre de *Nyboder*, que le roi Christian IV fit édifier en 1631, comme 616 longements pour les marins. Et ils le sont toujours!

Frederiks-staden, un barrio real

Fué el rey absoluto *Frederik V* (1723-66) que en 1740 fundó el barrio de *Frederiksstaden* alrededor del palacio de *Amalienborg*. Este barrio estaba destinado al principio a los nobles, pero a partir de 1794 la familia real vino también a vivir aquí. Esta parte de la ciudad, con muchos palacios rococós de inspiración francesa tiene su centro en la plaza octagonal de Amalienborg, donde la guardia real con gorros de piel de oso guarda la residencia de la Reina Margarita II. En medio de esta bonita plaza se encuentra una estatua del fundador de este barrio. Hacia un extremo tenemos la monumental iglesia de Frederikskirke, que se empezó en 1749, pero se terminó en 1894 y que también se le conoce como La Iglesia de Mármol. Su cúpula es una de las más grandes del mundo. Mirando hacia el mar nos encontramos con el jardín de Amaliehaven, cuya construcción ha sido costeada por la compañía Maersk, una de las más importantes de Dinamarca. En el otro extremo de Frederiksstaden se puede admirar el monumento más grande de Copenhague, la fuente de *Gefion* de 1909, regalo de Carlsberg, como la *Sirenita* de 1913, sin lugar a dudas la característica de Copenhague y la »mujer« más fotografiada del mundo. Aquí en este lado del viejo Copenhague se encuentra una de las defensas de la ciudad *Kastellet* de 1662 y el barrio de *Nyboder* (1631). El rey *Christian IV* mandó construir aquí 616 viviendas para los marinos, premisas que se sigue respetando hoy.

Stemning fra Nyhavn. Nyhavns-regattaen samler hvert år mange tilskuere. Her er der endnu en nostalgisk duft fra søen, her kan man endnu beundre de gamle sejlskibe. Der er trængsel på fortovsrestauranterne, hvor der er musikalsk underholdning og servering.

The mood at Nyhavn. Many on-lookers gather at Nyhavn Regatta every year. Here, there is still a nostalgic fragrance from the sea, and you can still admire the old sailing ships. There is almost always music at busy sidewalk cafés.

Stimmung in Nyhavn. Die Nyhavnsregatta zieht jedes Jahr viele Zuschauer an, und hier kann man noch alte Segelschiffe bewundern. Die Tische im Freien, an denen Essen serviert wird, sind voll besetzt, und dazu wird musikalische Unterhaltung geboten.

La poésie de Nyhavn. Les régates y attirent tous les ans de nombreux spectateurs. Ici respire encore le parfum de la mer et l'on peut admirer les voiliers de nos pères. La terrasse des cafés a une forte affluence, car on vous sert aussi une musique d'ambiance.

Atmósfera en Nyhavn. Las regatas de Nyhavn reúnen todos los años muchos espectadores. Aquí hay todavía una nostalgia del mar, y todavía se pueden admirar viejos barcos de vela. Hay aglomeración en los restaurantes de las aceras donde se puede gozar de música y entretenimientos.

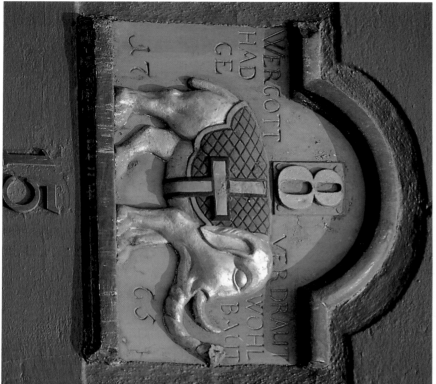

Der er sømandsstemning ved Nyhavn, hvor man stadig kan blive tatoveret. Stenskiltet med den forgyldte eksotiske elefant er indmuret i et hus, tilhørende en tidligere Indiensfarer.

There is a maritime atmosphere at Nyhavn where you can still be tatooed. The sign with the gilded exotic elephant is built into a house owned by a sea captain.

In Nyhavn, wo man noch tätoviert werden kann, herrscht Seemannsstimmung. Das Haus eines früheren Indienfahrers trägt ein steinernes Schild mit einem vergoldeten Elefanten.

Nyhavn a une ambiance marine un peu spéciale, où le tatouage est toujours bien légal. Un relief doré en pierre d'un éléphant, muré sur la maison d'un voyageur d'antan.

Ambiente marinero en Nyhavn, donde todavía se puede estar tatuado. Letrero grabado en piedra, de un elefante dorado, incrustado en una casa perteneciente a un antiguo marinero indio.

På regentens fødselsdag marcherer den kongelige livgarde i fuld galla og med musik i spidsen gennem byens gader. En folkelig begivenhed, der afsluttes på Amalienborg Slotsplads, hvor den kongelige familie hilses af folket. Det nationale er på denne dag i højsædet.

On the monarch's birthday, the Royal Life Guards, in full dress, march to music through the city. A popular event, which concludes at Amalienborg Square, where the Royal Family is greeted by the people. Patriotism is in full force on that day.

Am Geburtstag des Regenten marschiert die königliche Leibgarde in voller Galla und mit Musik durch die Straßen der Stadt. Eine beim Publikum beliebte Begebenheit, die auf dem Schloßplatz von Amalienborg ihren Abschluß findet, wo die königliche Familie vom Balkon herab die Leute grüßt. An diesem Tag sind die nationalen Gefühle vorherrschend.

A l'anniversaire du monarque régent, la garde royale en grand gala, musique en tête, défile dans les rues. Evénement populaire qui s'achève Place d'Amalienborg, où la famille royale est acclamée par la foule. Ce jour là, le sentiment national est au point culminant.

En el cumpleaños del monarca danés desfila la guardia real en uniforme de gala y con música a través de las calles. Un acontecimiento popular que termina en Amalienborg, el Palacio Real donde la familia real es saludada por el pueblo. Un gran día nacional.

Den kongelige danske livgarde med musikkorps foran Amalienborg Slot. Livgarden er en infanterienhed oprettet 1658. Garden har deltaget i alle Danmarks krige, senest mod tyskerne i 1940, hvor en del soldater faldt for fjendens kugler. Livvagten bevogter i dag regenten og de kongelige slotte. Dagligt kan man se den marchere gennem Københavns gader på vej til slottet.

The Royal Life Guards with the music corps in front of Amalienborg Castle. The Life Guards were an infantry regiment, formed in 1658. The Guards have participated in all of Denmark's wars, the latest was 1940 where many soldiers died. Today the Life Guards guard the monarch and the Royal castles. Every day you can see them march through the city on their way to the castle.

Die königlich-dänische Leibgarde mit Musikkapelle vor Schloß Amalienborg. Die Leibgarde ist eine im Jahr 1658 errichtete Infanterieeinheit. Sie hat allen Kriegen teilgenommen, zuletzt 1940 gegen die Deutschen, wo etliche Soldaten feindlichen Kugeln zum Opfer fielen. Heute bewacht die Leibgarde den Regenten und die königlichen Schlösser und marschiert täglich durch die Stadt.

La garde royale danoise, musique en tête, devant le Palais d'Amalienborg. Cette garde, unité d'infanterie instituée en 1658 a pris part à toutes les guerres du Danemark, la dernière contre les Allemands en 1940, où de nombreux soldats tombèrent sous les balles. La garde veille sur la famille et les palais royaux. Chaque jour vers midi, elle défile pour aller prendre la relève au château d'Amalienborg.

La guardia real y su orquesta delante de Amalienborg. La guardia real es una unidad de infantería establecida en 1658. La guardia ha intervenido en todas las guerras danesas. La última vez contra Alemania en 1940 donde muchos soldados murieron por las balas del enemigo. La guardia real guarda hoy a la Reina y a los palacios reales. Diariamente se les puede ver desfilar a través de Copenhague camino del palacio.

Et kig ud over Amalienborg med Amaliehaven i forgrunden. Marmorkirken ses i baggrunden. Den kongelige livgarde i fuld galla foran regentens residens.

A glimpse of Amalienborg with Amalienborg Garden in the foreground. The Marble Church is seen in the background. The Royal Life Guards in front of the Queen's residence.

Blick auf Amalienborg mit dem Park Amaliehaven im Vordergrund. Hinten die Marmorkirche. Die königliche Leibgarde in voller Galla vor der Residenz des Regenten.

Vue sur Amalienborg, avec le jardin Amaliehaven en premier plan, et au fond, Marmorkirken. La garde royale en tenue de gala devant le palais du régent.

Una mirada hacia Amalienborg con el jardín Amaliehaven delante. La Iglesia de Mármol se ve detrás. La guardia real en uniforme de gala delante del palacio de la Reina.

Midt på Amalienborg Slotsplads står Sallys rytterstatue af Frederik V fra 1771. Springvand ud for Amalienborg med Marmorkirken i baggrunden.

In the middle of Amalienborg Castle Square is Sally's equestrian statue of Frederik V from 1771. A fountain at Amalienborg with the Marble Church in the background.

Mitten auf dem Schloßplatz von Amalienborg steht das Reiterdenkmal von Frederik V aus dem Jahr 1771. Der Springbrunnen vor Amalienborg, mit der Marmorkirche im Hintergrund.

Au centre de la place d'Amalienborg, la statue équestre de Frederik V, par Sally en 1771. La fontaine devant le palais d'Amalienborg, avec l'église de Marbre en arrière-plan.

En medio de la Plaza de Amalienborg está la estatua de Federico V hecha por Sally en 1771. La fuente al lado de Amalienborg y detrás la Iglesia de Mármol.

Befæstningen Kastellet er fra 1662, mens møllen stammer fra 1800. Ved Langelinie ses den verdensberømte »Lille Havfrue« fra 1913 – verdens mest fotograferede pige!

The fortification, Kastellet, is from 1662, while the mill is from 1800. The "Little Mermaid" at Langelinie, from 1913, is the most photographed girl in the world!

Die Festung Kastellet (1662 angelegt) mit Mühle, erbaut 1800. Die berühmte kleine Meerjungfrau an der Langelinie aus dem Jahr 1913 – das am meisten fotografierte Mädchen der Welt.

Le fort de «Kastellet» date de 1662, mais son moulin seulement de 1800. A Langelinie, la «Petite Sirène» (1913) attend encore son prince, et une photo! La fille la plus photographiée au monde!

La fortaleza "Kasteller" data de 1662 pero el molino es de 1800. En el paseo de Langelinie se encuentra la mundialmente famosa Sirenita de 1913.

Gefionspringvandet fra 1908 er København havns største monument. Luftfoto af Nyboder, der siden 1631 har tjent som boligområde for flådens folk.

The Gefion Fountain from 1908, is Copenhagen's largest monument. An aerial view of Nyboder, which has served as naval residences since 1631.

Der Gefionspringbrunnen aus dem Jahr 1908 ist Kopenhagens größtes Denkmal. Luftaufnahme von Nyboder, seit 1631 Wohngebiet mit kleinen Häusern für Angehörige der Flotte.

La Fontaine de Géfion (1908), monument le plus imposant de Copenhague. Vue aérienne du quartier Nyboder qui, depuis 1631, sert d'habitat aux gens de la marine.

La fuente de Gefión de 1908, es el monumento más grande de Copenhague. Foto aérea de Nyboder que desde 1631 ha servido de vivienda al personal de la armada.

Hollandske Amager og Christianshavn

Et dansk Holland kan man roligt kalde den 65 km² store flade ø, Amager, øst for Københavns centrum. To gange hentede danske konger hollandske kolonister til øen, som nu er en københavnsk bydel. 1521 slog 184 hollandske familier sig ned som grønsagsdyrkere på øen, som snart efter blev Københavns »spisekammer«. 1618 lod den byggeglade kong Christian IV efter hollandsk forbillede opføre en befæstet købstad Christianshavn på øen. Byen blev omgivet med volde og stærke bastioner, og dermed forstærkedes Københavns forsvar betydeligt. Fra toppen af Vor Frelsers Kirke fra 1682 har man et fantastisk udsyn over København. Fra det 90 m høje tårn, der næs af 150 udvendige trappetrin, ser man ned på Christianshavn, der ligger som en enklave i det københavnske bybillede. Der er en særlig charme og atmosfære langs byens kanaler og de snorlige træbevoksede gader, hvor købmandsgårdenes gavle står tæt. Her ligger Nordens Amsterdam.

Christianshavn har mange smukke velbevarede gamle bygninger, der bærer præg af tidligere tiders velstand. Langs Strandgade ligger købmandsgårdene tæt omkranset af Asiatisk Kompagnis smukke palæ fra 1739. Ved havnefronten ses de store pakhuse og flådebasen Holmen. Burmeister & Wains skibsværft ligger side om side med den såkaldte fristad Christiania, der som et socialt eksperiment siden 1971 er blevet tilholdssted for unge outsidere.

The Dutch Amager and Christianshavn

Amager, the 65 square kilometer flat island, lying east of Copenhagen's center, can be readily called a Danish Holland. The island, which is now part of the city of Copenhagen was colonized by Dutch settlers, who were brought to the island by Danish kings. In 1521, 184 Dutch families worked as vegetable growers on the island, which soon became known as »the larder of Copenhagen«. In 1618, the »great builder« King Christian IV, planned a fortified market town on the island called Christianshavn, which was surrounded by ramparts and sturdy bastions.

There is a beautiful view of Copenhagen from the top of Vor Frelsers Kirke (Church of our Savior, 1682). From the 90 meter high tower, which is reached by climbing a 150-step exterior staircase, you can overlook Christianshavn, which seems like an enclave in the city. There is a special charm and atmosphere, as you can see all the gables of the merchants' homes along the straight tree-lined streets. Here is the Amsterdam of the North. Christianshavn has many beautifully preserved buildings which bear the mark of an earlier prosperity. Large warehouses and the Naval Base can be seen at the harbor front. The shipyard of Burmeister and Wain is situated right next to the so-called »free-city« of Christiania, where, since 1971, young people have lived in communes.

Amager und Christianshavn

Die 65 qkm große, flache Insel Amager östlich der Kopenhagener Innenstadt kann man ruhig ein dänisches Holland nennen. Zweimal wurden holländische Kolonisten vom König auf die Insel geholt, die jetzt ein Stadtteil Kopenhagens ist. 1521 siedelten sich 184 holländische Familien als Gemüseerzeuger auf der Insel an, die bald zur »Speisekammer« Kopenhagens wurde. Der baufreudige König Christian IV. ließ 1618 auf Amager nach holländischem Vorbild eine befestigte Stadt, Christianshavn, anlegen, deren Wälle und Bastionen die Verteidigungsmöglichkeiten für Kopenhagen verbesserten. Vom 90 m hohen Turm der 1682 erbauten Erlöserkirche aus hat man eine fantastische Aussicht auf Kopenhagen. Man schaut herab auf Christianshavn, das sich im Kopenhagener Stadtbild wie eine Enklave ausnimmt. An den Kanälen herrscht eine eigene Stimmung, und in den baumbestandenen Straßen stehen die alten Kaufmannshäuser Giebel an Giebel. Hier liegt das Amsterdam des Nordens.

Christianshavn hat viele schöne, gut erhaltene Gebäude, die vom Wohlstand vergangener Zeiten zeugen, wie z. B. das Palais der Asiatischen Kompagnie aus dem Jahr 1739 in der Strandgade. Unten im Hafen sieht man die großen Packhäuser und den Flottenstützpunkt Holmen. Die Schiffswerft Burmeister & Wain ist Nachbar der Freistadt Christiania, die seit 1971 als soziales Experiment Zufluchtstätte für Außenseiter ist.

Christianshavn

La « Hollande danoise », tel peut être le nom d'Amager, grande ile plate de 65 km², juste à l'est de la ville. Par deux fois, les rois danois ont fait venir des colons hollandais sur l'île, maintenant partie intégrante de Copenhague. En 1521 s'y établirent 184 familles de hollandais maraîchers, et l'île devint vite le « garde-manger » de la ville. En 1618, le grand roi constructeur *Christian IV* fit ériger sur l'île, sur modèle hollandais, une cité commerciale fortifiée: le bourg de *Christianshavn*. Cette cité fut entourée de remparts et de bastions, renforçant ainsi les fortifications de Copenhague. On a une vue fantastique sur toute la ville de Copenhague depuis le haut de l'église du Saint-Sauveur, construite en 1682. Du sommet de son clocher haut de 90 m, que l'on atteint par un colimaçon extérieur de 150 marches, on admire Christianshavn, véritable enclave dans la vue sur la ville. Une athmosphère et un charme particuliers se dégagent des bords des canaux et des rues au cordeau, garnies d'arbres, où les entreprises se voisinent. On retrouve ici l'Amsterdam du Nord!

Christianshavn a beaucoup de vieilles maisons bien conservées, témoins de l'aisance d'autrefois. Les riches épiceries d'antan, à Strandgade, côtoient avec fierté le beau palais de la Compagnie Asiatique, datant de 1739. Sur le front de port, on peut voir encore les anciens grands entrepôts, avec plus loin *Holmen*, base navale, et le chantier naval *Burmeister & Wain* qui voisine *Christiania*, « commune libre » et expérience sociale qui, depuis 1971 sert de refuge aux jeunes dissidents.

La holandesa Amager y Christianshavn

Una provincia holandesa se puede llamar muy bien, a la llana isla de Amager de 65 km² al este de Copenhague. Dos veces pidieron los reyes daneses a los campesinos holandeses venir a trabajar la tierra de esta isla, que ahora es una parte de Copenhague. En 1521 se apo-sentaron 184 familias holandesas en Amager como agricultores y pronto se transformó en «la despensa de Copenhague». En 1618 hizo el rey *Christian IV* según inspiración de Holanda, una ciudad fortificada, *Christianshavn* y la rodeó de fosos y bastiones. Desde la torre de *Vor Frelsers Kirke* (la iglesia de Nuestro Salvador) del año 1682 de 90 m de altura, y a la que se llega por una escalera exterior de 150 escalones, hay una vista fantástica de Copenhague con Chris-tianshavn como una parte importante de la ciudad. Hay una atmósfera y encanto especial a lo largo de los canales y calles donde las viejas casas o almacenes de los antiguos comerciantes todavía existen. Aquí está el Amsterdam del Norte. Christianshavn tiene muchas casas antiguas y bien conservadas donde se puede ver el bienestar de otros tiempos. A lon largo de Strandgade se ven los almacenes rodeados por el palacio bonito de la compañia asiática de 1739. Hacia el puerto están los grandes almacenes de mercancia y la base de la Armada, *Holmen*. Los astilleros de *Burmeister&Wain* están al lado de «*Christiania*», un barrio «libre» que desde 1971 se ha considerado un experimento social donde jovenes con sus propias leyes viven.

Den 4. Knippelsbro fra 1937 forbinder København med Christianshavn. Pakhusene står tæt langs Christianshavns kanaler. Udenrigsministeriet i de nyindrettede pakhuse.

Knippel's Bridge connects Copenhagen to Christianshavn. The warehouses are packed tightly along the canals. The Foreign Ministry in newly converted warehouses.

Die 4. Knippelsbrücke, erbaut 1937, verbindet Kopenhagen mit Christianshavn, dessen Kanäle von Speichern umsäumt sind. Das Außenministerium in neueingerichteten Speichern.

Le 4è pont Knippelsbro (1937), reliant Christianshavn à la ville. Les entrepôts se pressent le long des canaux. Le Ministère des Affaires Errangères, dans les Magasins Généraux aménagés.

El cuarto Knippelsbro de 1937 une Copenhague con Christianshavn. El Ministerio de Asuntos Exteriores en un recientemente restaurado almacén.

Vor Frelsers Kirke med den gule accisebod, hvorfra der tidligere betaltes bytold. Christianshavns kanal med den særprægede kirke i baggrunden. Fiskemiljø ved kanalen.

The Church of Our Savior with yellow excise-house, where city tariff was paid. Christianshavn canal with the unique church in the background. Fishing milieu by the canal.

Die Erlöserkirche mit dem gelben Akzisehäuschen, wo früher die Torabgabe bezahlt wurde. Christianshavnskanal, im Hintergrund die eigenartige Kirche. Fischermilieu am Kanal.

L'église Vor Frelser avec la vieille loge de douane où l'on payait l'octroi. Le canal de Christianshavn avec au fond son église caractéristique. Des pêcheurs sur les bords du canal.

La Iglesia de Nuestro Salvador con el filato amarillo donde antes se pagaban los derechos de aduana para la ciudad. El canal de Christianshavn con una iglesia original al fondo. Ambiente pescador.

Gamle bindingsværkshuse fra Christianshavns anlæggelse i 1600-tallet. Den kroneprydede hovedvagt ved Holmen. Den kunstige ø Middelgrunden var en vigtig befæstning.

Half-timbered houses from Christianshavn built in the 17th century. The head guard at Holmen. The artificial island, Middelgrunden was an important fortification.

Alte Fachwerkhäuser aus dem 17 Jh., wo Christianshavn angelegt wurde. Holmens Garnisonswache mit Krone. Die künstliche Insel Middelgrunden war eine wichtige Befestigung.

Vieilles maisons à colombages de l'origine de Christianshavn, vers 1600. La grande porte couronnée de Holmen. L'île artificielle Middelgrunden, défense stratégique.

Antiguas casas de mamposteria del origen de Christianshavn en los ãnos 1600. La decorada torre de la marina, Holmen. La isla artificial de Middelgrunden éra una defensa.

Rundt i det skønne Nordsjælland

Storbyen København har sin egen charme, men også omegnen har meget at byde på. Nordsjælland var tidligere kongernes mest yndede udflugtsmål, nu er det blevet folkets. En tur langs den danske »riviera« kunne godt begynde i den lille maleriske havneby Dragør, Øresunds søfatsby.

Ved Øresundskysten nordpå passeres først Frilandsmuseet ved Sorgenfri med mere end 40 egnsgårde og -huse fra hele Danmark. I umiddelbar nærhed ligger den godt 400 år gamle folkelige forlystelsespark Dyrehavsbakken samt det lille jagtslot Eremitagen fra 1736. Øresundskysten er fyldt med idylliske fiskerlejer. Ved et af dem, Humlebæk, ligger det internationalt kendte kunstmuseum Louisiana. På Øresunds smalleste sted, 20 minutters sejlads fra Sverige, ligger den 800 år gamle købstad Helsingør med det smukke renæssanceslot Kronborg fra 1574.

Videre langs nordkysten passeres de kendte badesteder Hornbæk, Gilleleje og Tisvilde. Syd herfor ligger den kongelige sommerresidens Fredensborg Slot fra 1722. I Hillerød ses Christian IV's mest monumentale bygningsværk Frederiksborg Slot fra 1560, nedbrændt 1859 og genopført af brygger Jacobsen. Nordeuropas betydeligste renæsanceslot med over 60 sale – et dansk Versailles.

I den 1000-årige kongeby Roskilde ligger Roskilde Domkirke med 40 regenters grave samt Vikingeskibsmuseet fyldt med danske skibsfund. Lejre er kendt for sin oldtidsby, netop her boede de første konger.

Around Lovely North Zealand

The city of Copenhagen has its own special charm, but the surrounding areas have much to offer also. North Zealand was the former king's favorite week-end destination. A trip along the Danish Riviera begins in the little picturesque port, Dragør, which has kept its own special character despite the closeness of the city.

To the north of the Øresund Coast, you pass the Frilands-Museum (Open Air Museum), at Sorgenfri, with more than 40 regional farms and houses. The 400 year old amusement park, Dyrehavsbakken, and the little hunting lodge, the Hermitage from 1736, is also in the immediate vicinity. The Øresund Coast is filled with idyllic fishing hamlets and the famous art museum, Louisiana, is situated at one of them, Humlebæk. The 800 year old market town, Helsingør (Elsinore from Hamlet) with the beautiful Renaissance Castle, Kronborg (1574), is only a 20 minute boat ride from Sweden.

To the south toward Copenhagen is Frederiksborg Castle (1560) in Hillerød. It is Christian IV's most monumental building and northern Europe's most notable Renaissance castle – a Danish Versailles. In the royal town of Roskilde, is the impressive Roskilde Cathedral, and the Viking Museum which displays complete viking ships. Close-by is Lejre, an ancient village, where the first Danish kings lived.

Ausflüge auf Nordseeland

Die Großstadt Kopenhagen hat ihren eigenen Charme, aber auch die Umgegend hat eine Menge zu bieten. Nordseeland war und ist beliebtes Ausflugsziel, früher für die Könige, heute für alle. Ein Spaziergang entlang der dänischen »Riviera« könnte in dem malerischen Hafenort Dragør beginnen, der trotz der Umklammerung durch die Großstadt seine Eigenart bewahrt hat.

Nach Norden zu liegt bei Sorgenfri das Freilaftmusenm mit mehr als 40 Höfen und Häusern aus ganz Dänemark. Nicht weit davon der etwa 400 Jahre alte Vergnügungspark Dyrhavsbakken und das kleine Jagdschloß Eremitage (1736). An der Øresundküste liegt ein Fischereihafen neben dem anderen. Bei Humlebæk finden wir das bekannte Kunstmuseum Louisiana. An der schmalsten Stelle des Øresunds, 20 Min. Fahrzeit von Schweden entfernt, liegt die 800 Jahre alte Stadt Helsingør mit dem Renaissanceschloß Kronborg (1574).

Weiter nach Norden zu erreicht man die Badeorte Hornbæk, Gilleleje und Tisvilde. Südlich hiervon liegt die königliche Sommerresidenz Schloß Fredensborg (1722). In Hillerød finden wir das prächtigste Bauwerk Christian IV., Frederiksborg, erbaut um 1560, angebrannt 1859 und wiederaufgebaut. Es ist Nordeuropas bedeutendstes Renaissanceschloß mit 60 Sälen, ein dänisches Versailles. In der tausendjährigen Königsstadt Roskilde liegen die Domkirche mit den Sarkophagen von 40 Regenten und das Wikingermuseum mit dänischen Schiffsfunden. Lejre ist bekannt für seine Siedlung aus der Vorzeit.

Le Nord du Seeland

Copenhague a, bien sûr, son propre charme, mais ses environs ont aussi beaucoup à offrir. Autrefois site préféré des rois, le nord du Seeland est maintenant celui de tous. Une excursion sur la « riviéra » danoise commencerait par le port pittoresque de *Dragør* qui, même proche de la grande ville, a su conserver son charme. Vers le nord, on passe à Sorgenfri près du *Musée en plein air* avec plus de 40 fermes et maisons de différentes régions du pays. On trouvera tout près les attractions de *Dyrehavsbakken*, et le pavillon de chasse *Eremitagen*, bâti en 1736. Dans l'un des petits ports de pêche idylliques de la côte du sund, à Humlebæk, s'est placé *Louisiana*, musée d'art mondialement connu. Vers l'étranglement du Sund, à 20 minutes de la Suède, se presse depuis 800 ans la vieille cité commerçante d'Elseneur avec sa forteresse *Kronborg* (1574). Plus loin, sur la côte, se suivent les villes balnéaires de Hornbæk, Gilleleje et Tisvildeleje. Au sud, le *Château de Fredensborg* (1722) est résidence royale d'été. A Hillerød s'élève l'édifice le plus majestueux de Christian IV: le *Château de Frederiksborg* (1877). Incendié en 1859, reconstruit par le brasseur Carl Jacobsen ce château de style est le plus imposant de l'Europe, avec plus de 60 sales – le Versailles danois. A Roskilde, ville royale millénaire, la *Cathédrale* renferme 40 tombeaux des rois du Danemark, et le *Musée marin des Vikings* présente une très belle collection de vestiges nautiques. Le village de Lejre est connu pour son musée des temps préhistoriques: on a retrouvé là les restes des premiers souverains.

Vuelta por la bonita Selandia del Norte

La ciudad de Copenhague tiene su encanto, pero sus alrededores también tienen mucho que ofrecer. Una vuelta a loargo de la «riviera» danesa, bien podía empezar en la pictórica ciudad marítima de *Dragør*, que a pesar de su proximidad a la gran ciudad ha conservado su personalidad y encanto. Yendo al norte, hacia la costa del estrecho del Sund, se pasa por *Frilandsmuseet* en *Sorgenfri* con más de 40 fincas y casas de toda Dinamarca. No muy lejos de aquí se encuentra el parque de atracciones, *Bakken* de más de 400 años y a continuación el Parque de Ciervos con el pequeño palacio de caza de 1736, *Eremitagen*. La costa del Sund esta llena de idílicos puertos pesqueros. En Humlebæk, uno de ellos, se encuentra el museo de arte moderno de fama mundial, *Lousiana*. En el punto más estrecho del Sund, justamente donde sólo se tarda 20 minutos en cruzar a Suecia, tenemos la antigua ciudad *Helsingør* de 800 años con la magnífica fortaleza renacentista, *Kronborg* de 1574. A lo largo de la costa del norte pasamos por las buenas playas de Hornbæk, Gilleleje y Tisvilde. Hacia el sur se encuentra la residencia real, de verano *Fredensborg* de 1722 y en Hillerød el fantástico palacio de Christian IV, *Frederiksborg* de 1560, construido en su peculiar estilo renacentista, que con sus 60 salas es un Versailles danés. En la milenaria ciudad real de Roskilde se encuentra la *Catedral* que guarda los mausoleos o tumbas de 40 monarcas daneses, y El Museo de los *Vikingos*. *Lejre* es conocida por su ciudad prehistórica, y justament aquí vivieron los primeros reyes daneses.

Luftfoto af det nordsjællandske badested Hornbæk, der regnes for områdets mest mondæne ikke mindst på grund af den dejlige badestrand. I sommermånederne strømmer københavnerne nordpå til den brede hvide badestrand og lystbådehavnen.

Aerial view of the North Zealand resort, Hornbæk, which is the most exclusive in the area because of its lovely beach. During the summer, Copenhageners flock north to its broad white beaches and beautiful yacht harbor.

Luftaufnahme des exklusiven nordseeländischen Badeortes Hornbæk. In den Sommermonaten strömen die Kopenhagener an den breiten, weißen Strand und zum Yachthafen.

Vue aérienne de Hornbæk, station balnéaire la plus exclusive du nord du Seeland, surtout grâce à sa plage. Pendant l'été, les habitants de Copenhague affluent vers le nord, sur cette belle plage blanche et au port de plaisance.

Vista aérea de la playa Hornbæk al norte de Selandia, considerada como una de las más exclusivas de esta región. En verano los copenhagueses, se desplazan a esta ancha y blanca playa con su puerto.

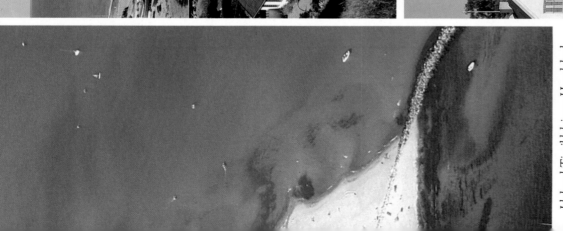

Idyl ved Tisvildeleje og Humlebæk (forneden). Side 94-95: Slottene Frederiksborg, Fredensborg og Kronborg.

Idyllic Tisvildeleje and Humlebæk (below). Page 94-95: Frederiksborg, Fredensborg, and Kronborg Castles.

Idyll bei Tisvildeleje und Humlebæk (Foto unten). Seite 94-95: Die Schlösser Frederiksborg, Fredensborg und Kronborg.

Athmosphère idyllique de Tisvildeleje et de Humlebæk (en bas). Pages 94-95: les châteaux de Frederiksborg, de Fredensborg et de Kronborg.

Idílico lugar en Tisvildeleje y Humlebæk (abajo). Página 94-95: Los palacios de: Frederiksborg, Fredensborg y Kronborg.

Dyrehavsbakken eller Bakken er verdens ældste forlystelsespark og mere end 400 år gammel. Gøglere ser man overalt. Eremitageslottet er et kongeligt jagtslot fra 1736.

The 400 year old Dyrehavsbakken or Bakken is the world's oldest amusement park. Clowns and magicians are everywhere. The Royal hunting castle, Hermitage (1736).

Dyrehavsbakken oder Bakken ist der älteste Vergnügungspark der Welt und über 400 Jahre alt. Gaukler sieht man überall. Das kgl. Jagdschloß Eremitage (1736).

Dyrehavsbakken ou «Bakken», le plus ancien parc d'attractions du monde, âgé de plus de 400 ans. vieux. Les saltimbanques s'y retrouvent partout. Le pavillon de chasse Eremitagen (1736).

Bakken es el parque de atracciones más antiguo del mundo y con más de 400 años. Los titiriteros o payasos se ven por todos los lados. El palacio «Eremitage» es un palacio de caza real de 1736.

Fra Kronborg i Helsingør er der kun 20 minutters sejlads til Sverige. Roskilde Domkirke hører til blandt landets ældste kirker og rummer nu adskillige konge- og dronningegrave.

There is only a 20 minute sail from Kronborg in Helsingør, to Sweden. Roskilde Catedral is one of the country's oldest and now contains numerous graves of kings and queens.

Von Kronborg in Helsingør aus dauert die Überfahrt nach Schweden nur 20 Min. Der Dom in Roskilde ist eine der ältesten Kirchen des Landes und enthält viele Königsgräber.

Depuis Kronborg, à Elseneur, il n'y a que 20 minutes de traversée pour la Suède. La cathédrale de Roskilde est l'une des plus anciennes du pays, et sépulcre royal depuis des siècles.

Desde Kronborg en Helsingør hay sólo 20 minutos de navegación a Suecia. La Catedral de Roskilde se encuentra entre las iglesias más antiguas del país, guarda muchas de las tumbas de los reyes y reinas danesas.